pit boston

am deich

gedichte

Design & Layout: Pit Boston
Für den Inhalt zeichnet der Autor verantwortlich

Impressum

Herstellung und Verlag:
BoD - Books on Demand, Norderstedt
ISBN 978-3-7448-7075-7

5

6

Bund

Am schwarzen Tische sitzen sie
In langen Mänteln
Schweigend noch
Im Tempel aller Harmonie
In dunklen Kleidern beten sie
Beschwören Geister tief und hoch

Hier kommt so schnell kein Fremder rein
Ein Schloss aus Stärke zeugt stets davon
Sie müssen sehr verschwiegen sein
Ansonsten bleiben sie allein
Und alle Welt scheint ewger Lohn

Sie sprechen alle Sprachen gut
Sie leiden Leid
Sie machen Macht
Wer hier dabei ist, braucht viel Mut
In jenem Bund ist rein das Blut
Hier lebt der Tag
Hier thront die Nacht

Die großen Tore schließen sich
Der Bund bleibt schweigsam
Und geheim
Verborgen einst - *heut ewiglich*
Im Tempel hier, am schwarzen Tisch
Jenseits der Zeit
Im düstern Schein

Am Fluss

Nacht am wundersamen,
verträumt einsamen Fluss
Lieg ich auf dem Rücken und starre träumend
in den Nachthimmel
Ich seh' die Arme, diffus leuchtend,
unserer Milchstraße
Sie greifen nach der ungeahnten Ferne
im unsichtbaren
Sein aller Dinge und aller noch so fern
wabernden Materie
Gleich einer singend,
vielleicht auch schreienden Melodie
Gehalten von einer Kraft
Einer dunklen Energie
Die ich nicht kenne
Die doch da ist und gottesgleich
Durch mich gleitet
Unmerklich fast – ja, ja, genau
Das alles, was ich dort draußen sehe, hält
Zusammenhält und auseinanderreißt
Wie meine Gedanken, wie meine Träume auch
Sehnsucht keimt in meinem Herzen
Will ich dort hinaus
Ist dieses Leben vielleicht doch mehr
als nur hier zu sein
Ist es die umfassende Art, alles zu beherrschen
Ist es das Entstehen und das Sterben im
zusammenhängenden
Gleichnis aller Zeit Wildheit der Entstehung
Vielleicht auch nicht

Ich verwandele mich in einen Strahl
voll heller Energie
Und gleite rasend schnell hinein in diese Fülle
Spüre, wie mein Denken sich verbindet
mit allem um mich herum
Sinke in die nicht mehr existente Materie,
die brodelnd in einem
Schillernden Ur-Ozean in sich versinkt und
aufwachend in einer
Neuen Art des Daseins schließlich verglimmt
Sterben, Tod oder doch eine Wiedergeburt
Ich bin das Universum und bin doch nur
ein winziger Teil desselben
Jedoch weiß ich um mich und um das
Universum
Es lebt und es gedeiht wie auch mein Sinn
Der sich an ihm nähret
Welch Vielfalt sich da entbindet
Aus einem Uhrwerk aller Zeit und aller Zeiten
Kehre ich zurück, weil ich doch etwas
Unerklärliches in mir trag
Etwas, das nirgends in diesem undefinierbaren,
nicht definierbaren Sein
Zu finden war – und ist
Etwas, das mich zurückkehren lässt in meinen
eigenen Schoß
Dass sich entfalten kann und doch meine
Herkunft niemals verschleudert
Ich trage es in mir, welche Form die Materie,
die Antimaterie in diesem unendlichen All
Auch immer annehmen mag

Es ist so tief in mir, dass selbst die noch so
ausgefeilte *Erdachtheit* allen Seins
Es nicht zu entziffern vermag
Ich schließe meine Augen und tauche in mich ein
Ich höre diesen dahin plätschernden Fluss
Bin erleichtert, dass ich nicht fliehen muss
Ja, ich kann bleiben – hier auf der Erde
Weil ich weiß, dass es mich überallhin begleitet
Es ist immer da und lebt, so lang es mich gibt
Denn ich weiß es längst
und ich kenne es nur zu gut
Dieses, was da tief in mir ist
und nie mehr weichen kann
Ich lächele in mich hinein und weiß, dass ich das
weite Universum dazu gar nicht brauche
Bei aller Merkwürdigkeit der Materie und des
Universums
Bleibt doch eines stets tief in mir drin:
Die Sehnsucht, die Tränen, die Angst,
die Hoffnung und
die Liebe

Aufbruch

Ich schau mich um
Bemerke irgendwie nur Proll und Angst
Worum du bangst
Mag Liebe sein und Freude
Doch bleibt nur Sehnsucht nach dem
Leben
Dummheit, nichts zu geben
Eine Sehnsucht nach dem Anderssein
Doch bleibt am Ende nur ein fader
Schein

Ich dreh mich um
Irgendwo liegt da wohl ein Mensch im Dreck
Ein Blitz, ein Schreck
Doch will ich ihn nicht sehen
Will wieder weg mich drehen
Doch bleibt mein Blick
Ein kleines Stück
Wie ein Magnet
Er geht nicht fort
Ich hab für ihn ein kleines Wort:
„*Ach*"

Ich wend mich ab
Von dieser Welt, die doch nur hasst
Zu viel verpasst
So gar nichts mehr gefunden
Es bleibt die Hoffnung, unumwunden
Die Hoffnung auf mich selbst
Doch lauf ich immer weg
Fort von all dem stinkend seichten Dreck
Ich find mich nirgends wieder
Blöd

Ich mach mich auf – jetzt
In eine ungewisse Zukunft
Wie jeder hier – und da
Bin voller Tatendrang, noch immer
Nichts scheint mir schlimmer
Als ein allzu tristes Leben
Ich muss doch leben und bestehen
Schau schnell nach vorn
Ich tat´s ja immer
Und spür in meinem Herzen plötzlich
Mich

Septemberhymne

Ein böser Traum in kalter Nacht
Ich sah New York in seiner Pracht
Doch über allem sah ich auch
Zwei Türme, brennend, schwarzen Rauch

Ein Flugzeug rast in einen Turm
Ein zweites auch, ein drittes schon
Und Menschen springen in den Tod
Ich sah die Angst, den Hass, die Not

Längst stand der Schweiß auf meiner Stirn
Längst kollabiert mein schlafend' Hirn
Wo stolz zwei Türme ragten, ach
Da hielt der Tod die Stadt in Schach

Der Atem stockte lähmend mir
Wo kam nur all der Albtraum her
Ich wurde wach, so gegen 3
Und zitterte
Mein Traum, *vorbei*

Im Radio am nächsten Tag
Brach die Musik ganz plötzlich ab
Die Meldung aus New York
Welch Schock
Der 11.09. war´s
Mein Gott

Chronik

Es zogen die Menschen
aus dem so fremden Lande
Hinaus in die Fremde,
zu dem sehr langen Strande
Sie wollten nur ganz einfach weit weg
von Zuhause
Sie gaben sich selbst, der Familie nie Pause
Und zogen und liefen flugs zum Weltenrande

Es waren so viele,
die nimmermehr blieben
Ach, so viele Seelen,
die himmelwärts schrien
Es waren Familien, die in Armut und Kriege
zu suchen begannen nach Glück, Geld und Liebe
Man hätte sie sonst wohl zu Tode getrieben

Ja, auch jenes Kind,
dieser schwarzhaarige Junge,
zog fort mit den Eltern,
mit pfeifender Lunge
Zum Strand aller Märchen,
zur Küste der Wunder
Zum riesigen Meer
mit manch´ Fisch und manch´ Flunder
Er schaute so lieb, hatte Augen, so runde

Man sagte, da hinter dem brausenden Wasser
verbirgt sich das Gute,
ward die Welt nie mehr blasser
Dort ist ewiger Reichtum, sind nett alle Leute
Dort gibt es kein Elend, keine hungrige Meute
Dort gibt's keinen Krieg, keine ewigen Hasser

Der Sturm war so stark – am Meer, an der Küste
Fern lag ihre Heimat, diese schreckliche Wüste
Verträumt schaut´ der Junge hinaus in die Ferne
Es sah dort am Himmel all die funkelnden Sterne
Und er sah auch den Mond,
der gelächelt und grüßte

Und dann auf der schlingernden
Schlauchboot-Schaluppe,
da gab´s nichts zu essen,
nicht mal eine Suppe
Dreihundert gefangen im Seelenverkäufer
Gehofft und gebetet zu Gott und manch´ Täufer
Doch war da nicht einer, der klagte und murrte

Ganz plötzlich dort draußen im tosenden Meere,
da schlugen die Wogen mal hoch und mal quere
Das Boot sank so schnell in die dunkelsten Tiefen
Es war *Mitternachte*,
ach, wo alle schliefen
Darüber hin klatschte das Wasser mit Schwere

Von all diesen Menschen, dem Jungen,
dem kleinen,
blieb nichts als nur Tränen,
ich kann nur noch weinen
So viele geblieben im schäumenden Meere
Es schlugen nur hoch all die Wasser,
voll Schwere
Am Meeresgrund war´s reich
an Stille und Steinen

Gestorben die Hoffnung,
die Sehnsucht nach Frieden
Die Freiheit der Leute – im Sturm fortgetrieben
Dem Tod nicht entkommen,
Familien und Kinder
Warum so viel Kälte Warum so viel Winter
Die Menschlichkeit
längst auf der Strecke geblieben

Es gehen die Stunden, es ziehen die Tage
Es fliehen die Menschen
Mir bleibt nur die Frage:
Was wird, wenn auch ich aus der Heimat
mal fliehe
Wird dann jemand sein,
der mich aufnimmt mit Liebe
Bleibt übrig nur Trauer, nur Tränen und Klage

Doch sah jener Junge die funkelnden Sterne
Er flog hoch ins All,
bis hinauf in die Ferne
Ich hör ihn noch singen,
den schwarzhaarigen Jungen
Er hat von der Liebe im Traumland gesungen
Ich denk oft an ihn,
hab ihn wirklich sehr gerne

Du willst

Du willst doch leben irgendwie
Du willst doch tanzen, fragst nicht wie
Du willst auch schreien voller Hass
Willst dich befreien, sonst noch was

Du willst doch lieben manche Nacht
Du willst doch sein wo jeder lacht
Du willst doch auch zu Hause sein
Willst stark und echt sein, nicht nur Schein

Du willst erleben diese Welt
Du willst das Glück, das ewig hält
Du willst gesund und munter spieln
Und willst im Wasser dich mal kühln

Du willst nie einsam sein und blank
Du willst nicht sterben im Gestank
Willst singen, klönen lang beim Wein
Dann lass die Ängste *Ängste* sein

Der Seemann

Das Schiff sank schnell
Längst war es Nacht
Die Ängste grell
Schon flottgemacht

Er sank so tief
Ins kalte Meer
Als ob er schlief
So leicht, nicht schwer

Sein Leben dort
Am Meeresgrund
Am toten Ort
Zur späten Stund

Nur Schwarz um ihn
Sein Atem stockt
Manch Träume fliehn
Total verbockt

Dreihundert Mann
Gerettet bald
Das Schiff versank
Es war schon alt

Nur einer fehlte
Irgendwo
Als man sie zählte
Einfach so

Wohl war er tot
Ertrunken schnell
In jener Nacht
Die nicht mehr hell

Nein, niemand fragte
Nach dem Mann
Er war nur fort
Trieb niemals an

Am Meeresgrund
War's nicht mehr kalt
Er schien gesund
Erstarkt recht bald

Ein Engel kam
Und nahm ihn mit
Im Tränensang
Zum letzten Glück

Man fand den Seemann
Nimmermehr
Nicht eine Spur
Trieb von ihm her

Und als ein Schiff
Vorüberfuhr
An jenem Riff
Zur Urlaubstour

Sah man 2 Engel
Leicht, nicht schwer
Die sangen leis
Hoch überm Meer

Zwei Monde

Es kreisten einmal zwei einsame Monde
Um einen sehr kleinen Planeten herum
So manches Mal, ach, kam vorbei eine Sonde
Und erforschte dann jene zwei einsamen Monde
Ansonsten bliebs immer recht trist
und sehr stumm

Wie diese zwei Monde, so kreise auch ich
Immerzu, immerfort um mich selber herum
Es fehlt an der Freude und wohl auch an Licht
Wie zwei dunkle Monde, so kreise auch ich
Und alles bleibt einsam, bleibt trübe und stumm

Doch ganz in der Ferne strahlt hell eine Sonne
Zu der will ich hin, doch sie scheint viel zu weit
Denn dort, wo ich einsam noch friere und wohne
Fehlt Liebe und Leben, ist nie eine Sonne
Und erst, wenn ich aufbrech, bin ich bald befreit

So breche ich aus, mach mich flugs auf die Reise
Hin zu jenem Licht, denn ich brauch es doch so
Und plötzlich verspür ich,
noch still und sehr leise
Die Sonne kommt näher, das Ziel meiner Reise
Und endlich, da fühl ich mich frei und bin froh

Glück

Glück im Leben sind die Träume
Weil sie gut und böse sind
Glück ist, wenn ich nichts versäume
Glück sind Menschen, Frohsinn, Freunde
Glück ist Wald und See und Wind

Glück im Leben sind die Lieder
Die wir singen überall
Glück sind Rosen, Freesien, Flieder
Glück ist Lachen, immer wieder
Ist manch´ Reise tief ins All

Glück im Leben ist die Liebe
Wenn sie Herz und Seele küsst
Glück manch´ Reim, den ich wohl schriebe
Wenn ich durch die Wolken fliege
Glück ist, wenn man nichts vermisst

Dein Leben

Nimm selbst in die Hand, dein Leben
Lass nichts unversucht und fern
Du willst nehmen, du kannst geben
Lern es kennen, dieses Leben
Dann hast du die Jahre gern

Wisch die Tränen aus den Augen
Durch die Tränen siehst du schlecht
Kannst so viel noch tun und bauen
Wisch sie klar, die feuchten Augen
So, nur so kommst du zurecht

Schau nach vorn und lass das Alte
Es ist doch schon ewig fort
Zieh sie glatt, die Sorgenfalte
Schlag sie tot, die Angst, die kalte
Mach dein Traum zum besten Ort

Trauer kommt und wird vergehen
Tränen waschen vieles rein
Musst nur immer vorwärtsgehen
Nimm selbst in die Hand, dein Leben
So wirst du bald glücklich sein

Alpträume

Schwarzer Rauch in dunklen Gassen
Unheilvoll und schwerelos
Einsam, kalt die schmalen Straßen
Düster scheint die Stadt, verlassen
Ängste werden wach und groß

Geister ziehen durch die Stunden
Schreien laut und sind so nah
Ach, es schmerzen alte Wunden
Hier hat niemand Glück gefunden
Mancher Alptraum wird nun wahr

Doch es kommt schon bald ein Morgen,
weht die Angst, das Schweigen fort
Sonnenlicht verjagt die Sorgen
Alle Nacht ist längst gestorben
Diese Stadt, ein guter Ort

Ja, ich weiß, in manchen Nächten
ziehen Geister gern durchs Hirn
Man scheint schwach vor diesen Mächten,
weil man glaubt, dass Angst sie brächten
Doch sie sind nur schwach, verwirrn

Schwarzen Rauch und dunkle Gassen
sind nicht schlimm und auch nicht echt
Sind manchmal recht schwer zu fassen
Doch wir können sie auch lassen
Denn die Nacht ist gut, nicht schlecht

Mauern

Du stehst vor der Wand
Willst hindurch, doch nichts geht
Sie ist nicht aus Sand
Die störende Wand
Nur ein Lüftchen weht

Reißt die Wand ein
Sie ist nicht dick, ist dünn
Sie ist nur aus Stein
Reiß sie jetzt ein
Spring einfach darüber hin

Böse Menschen, ach,
drohen dir mit starrem Blick
Denk nicht zu lange nach
Lass doch das Böse, ach
Schau doch dahinter,
nur ein Stück

Mauern grenzen dich ein
Drehst dich nur noch im Kreis
Reiß sie jetzt ein
Sie sind nur aus Stein
Geh deinen Weg
Er ist nicht aus Eis

Ein Mann

Ein Mann geht durch die kalten Zeiten
Er fühlt sich schlecht
Er fühlt sich krank
Er will wohl nirgends lange bleiben
Zieht rastlos nur durch alle Zeiten
Sitzt manchmal lang auf einer Bank

Ich seh ihn dort am frierend´ Teiche
Er schlägt den Kragen ziemlich hoch
Und sein Gesicht scheint mir sehr bleiche
An jenem kalten, frierend´ Teiche
Dort auf der Bank
Beim Mauseloch

Lang schaut er einfach so nach Norden
Mir ist´s, als wenn er sterben wollt
Vielleicht hat er zu große Sorgen
Er schaut so still
Sieht stets nach Norden
Bis das die Nacht ihn überrollt

Und plötzlich ist er fort, verschwunden
Nur diese Bank zeugt noch von ihm
Da wird es klar mir unumwunden
Wohl ist er fort nicht
und verschwunden
Denn er ist *Ich*, tief in mir drin

Aufstehen

Dunkel scheint dein Weg durchs Leben
Düster alle Hoffnung auch
Lang schon fort der letzte Segen
Lustlos schleicht dein Weg durchs Leben
Aus manch Sturm ward längst ein Hauch

Wohin wird die Reise führen
Führt sie überhaupt noch fort
Dort wo Tränen Ängste schüren,
kann manch Weg zum Tode führen
Nein, das ist kein schöner Ort

Doch tief drin in deiner Seele
lebt noch was, es ist nicht groß
Wo sich stark manch´ Alpdruck quälte,
ist sie noch, die kleine Seele
Und die fragt: Was machst du bloß

Werf nicht weg den Tag, die Stunde
Sagt die Seele leis zu dir
Klafft im Herz auch eine Wunde,
pack jetzt an den Tag, die Stunde
Sei jetzt Mensch, du bist kein Tier

Los, steh auf aus deinen Qualen
Mach dich frei, denn du bist stark
Dort, wo Ängste sich noch aalen,
fallen bald die Teufelsqualen
Bau(st) dir neu den hellen Tag

Suche

Jahrelang suchst du nach dem großen
unerreichbar fernen Glück
Ach, du bist traurig,
findest davon nicht ein einzig kleines Stück
Du frierst und du schwitzt,
hast Angst und du weinst
Und spürst doch nicht,
dass du wie die Sonne längst scheinst
Dass in dir alle Träume klingen
wie eine wunderbare Musik

Trotzdem zitterst du und glaubst,
die Welt bleibt gleich stehn
Du denkst, deine Träume
werden schon bald im Mondlicht verwehn
Dabei fühlst du nicht,
dass du längst geliebt wirst von der großen Welt
Du glaubst noch immer, alles Glück wäre nur
ein Sack voller Gold und Geld
Sei endlich frei und beginne
dich im Tanz dieser Zeiten zu drehn

Da wirst du krank,
und auf einmal weißt du es wie niemals vorher
Das Glück heißt nur Leben,
es ist doch gar nicht so unendlich schwer
Plötzlich spürst du etwas,
dass du bis dahin noch nie zuvor gekannt
Und du wirfst um jene steinharte,
leicht zerstörbare dunkle Wand
Tief in dir drin fühlst du die Kraft,
diese Anmut und Liebe
Und du wirst gesund,
kein Tag ist mehr traurig und sinnlos und leer

Betrachtung

Hast gerad die Schlacht gewonnen
Sonnst dich in manch´ heißen Sonnen
Plötzlich kommt ein Schicksalsschlag
Denkst nicht mehr an Nacht und Tag
Fühlst nur noch den herben Schlag
Fragst, wofür soll´s Leben lohnen

Himmel, Hölle, Satans Feuer
fallen in dein glattes Leben
Deine Seel´ brennt ungeheuer
Nein, es kommt kein Tag, kein neuer
Und es glüht dies Teufelsfeuer
Plötzlich hast du nichts zu geben

Aber da, aus deinen Träumen:
Licht dringt in die Finsternis
Da lässt du den Teufel schäumen
Suchst nach neuen Lebensräumen
Jenseitig von bösen Träumen
Jenseits aller Düsternis

Neu beginnt dein Herz zu schlagen
Kommst gestärkt aus deiner Krise
Dort, wo alte Trümmer lagen,
wirst du mutig alles wagen
Nein, du bist nicht mehr zu schlagen
Fühlst dich kraftvoll wie ein Riese

Der Traum

1.
Die Zeiten sind so düster
und so unsagbar schlecht
Überall drohen Tod
und das furchtbarste Verderben
Kein einziger Mensch
macht es dem anderen wirklich recht
Alles ist so unsagbar übel
und so furchtbar und auch schlecht
Und alle hoffen, sie könnten mächtig sein,
und manch Reichtum erben

2.
Doch am Ende
bleiben die Menschen für sich ganz allein
Keiner traut mehr dem anderen,
jeder macht nur noch sein Ding
So sollte es für die Zukunft
doch niemals mehr sein
Kein Mensch kann nur immer leben
so ganz für sich allein
Hat dieses Trugbild wirklich
irgendeinen echten Lebenssinn

Refrain:
Plötzlich öffnet sich der düster schwarze Himmel
Und da,
die Sterne strahlen wie noch niemals je zuvor
Auf weißen Schwingen
fliegt kraftvoll da ein Schimmel
Prachtvoll ist er
und es funkelt der riesige Sternenhimmel
Und es singen alle Menschen der Welt
in einem einzigen Chor
Wir sind doch alle nur die Kinder dieser
einzigartigen Welt
Wir sind doch Menschen,
die nur zusammen wirklich glücklich sind
Was zählen schon Reichtum, Macht
und der Kampf um dieses bisschen Geld
Wir sind doch alle nur Kinder
dieser wundervollen schönen Welt
Wir haben ein Herz und können lieben,
und sind doch immer nur Kind
Weil wir einfach nur Menschen bleiben,
die spüren die Sonne und den frischen Wind
Diesen wundervollen
und so märchenhaften Sommerwind

3.

Da sind die Zeiten
wieder gut wie der junge neue Tag
Es zählt wieder Leben
und die Hoffnung und die Zuversicht
Die Menschen vergessen alles Weh und Ach
und auch so manche Klag
Denn die Welt ist wieder gut
wie jener einzigartige neue Tag
Und alle Menschen haben wieder Kraft
und zeigen offen ihr ehrliches Gesicht

Es war einmal

Es war einmal in einem sehr fernen Land
Da hatten die Menschen stets Glück
und auch Geld
Sie lebten für sich dort wie auf ewig verbannt
Im Königreich
dort draußen in dem sehr fernen Land
Weit fort von der trüben und so kranken Welt

Der Königssohn aber wollt wissen, wie´s ist
Dort draußen hinter dem Ozean, ganz weit fort
Denn irgendwas hatte er so sehr vermisst
Was kann das nur sein,
dass da draußen noch ist
Wo liegt jener fremde, gefährliche Ort

Doch der König, der stark und sein Vater ja war,
der meinte, das geht nicht, keiner darf je dorthin
Da wurde dem Jungen ganz plötzlich wohl klar:
Er muss heimlich gehen in diese Gefahr
Das Unbekannte suchen, das schien ihm der Sinn

Denn der Vater hatte ihm immer gesagt:
Manchmal muss man kämpfen,
fürs Geld und fürs Glück
Nie hatte er später den Vater gefragt
Nie hatte der Vater vor ihm je geklagt
Sie hatten vom Glück und vom Geld
doch ein Stück

Jedoch in der Fremde, in der unheilvollen Welt
Lauert die Gefahr, die der Vater gekannt
Der Prinz jedoch wusste,
dass ihn hier nichts mehr hält
Ihn zog die Neugier, er wollte fort in die Welt
Ganz weit da draußen in dem unsicheren Land

So schlich er sich nachts aus dem Hause davon
Fuhr mit einem Boot übern Ozean fort
Er war wirklich mutig, er war Vaters Sohn
Er wollte weit weg, einfach auf und davon
Und traf schließlich ein an dem wildfremden Ort

Doch dort gab's kein Glück,
keiner hatte dort Geld
Und mancher war krank, ohne Arbeit und Brot
Der Junge verstand nicht die furchtbare Welt
Er war nicht mehr glücklich und hatte kein Geld
So ganz unbehütet kam er arg in Not

Da fiel es ihm ein, was der Vater gesagt:
Geht's nicht, musst du kämpfen,
dann wird es schon gut
Nie hatte der Vater geschimpft und geklagt
Er hatte dem Sohn immer wieder gesagt:
Du brauchst weiter nichts außer ehrliches Blut

So baute er auf, ohne Geld, ohne Wein
Er wusste genau, das er's schaffte schon bald
Es sollten die Kinder doch fröhlicher sein
Und Häuser die wuchsen behänd Stein auf Stein
So wurde er selbst bald schon krank und nicht alt

Doch ehe er starb, fern der Heimat, die schön,
ja da spürte er's deutlich: ihn liebte die Welt
Er brauchte nicht einsam und traurig zu gehn
Arm war er und krank,
doch sein Traum wurde schön
Da ward ihm recht klar, was wirklich nur zählt

Nicht Glück und nicht Reichtum
sind ewig und satt
Es ist nur die Liebe, die alle vereint
Nie geht's auf der Welt immer gut
und nicht glatt
Und viele die werden im Leben nie satt
Doch ist man ein Mensch, hat ein Herz,
liebt und weint

Heimwärts

Sturm streift über Wipfel
Schlägt manch´ Wolkenpracht
Über alle Gipfel
zieht die bittre Nacht

Bin hinausgezogen
Unrast treibt mich fort
Mit dem Sturm geflogen
zu dem fernen Ort

Doch in aller Fremde
fühl ich mich nicht wohl
Eng sind Hos und Hemde
Worte klingen hohl

Will nun heimwärts ziehen
Irgendwas mich drängt
Dort bin ich zufrieden,
weil man mich dort kennt

Mir träumte

Mir träumte einst von dem Momente,
an dem ich recht zufrieden wär
Dass ich mein Leben wiederfände
An dem nicht alles öd und leer

Viel Geld zu haben, schön und klug,
dies träumte mir, als ich allein
Und Einfluss, Macht hätt ich genug
So sollt´ mein neues Leben sein

Doch eines Tags, reich war ich nun,
da spürte ich, es fehlte was
Ich lief in teuren Sonntags-Schuhn
Und hatte weder Lust noch Spaß

So gab ich alles wieder weg
Blieb arm, allein in Mutters Haus
Begriff auf einmal meinen Zweck
Das Leben ist nicht Saus und Braus

Stand lang mit Mutter an dem See,
an dem ich früher oft gespielt
Und plötzlich tat´s im Herzen weh
Und plötzlich hab´ ich was gefühlt

Denn alles, was ich bin und war,
ist die Erinnerung, manch´ Schmerz
Sind Nächte, Tage, hell und klar
Sind Luft und Wolken
Und mein Herz

Hoffnung

Wohin du auch immer noch so gehst,
der weite Himmel wird dich überallhin
und gut begleiten
Er zieht sich wie ein Bogen,
egal, wo du auch immer stehst
Ja, er wölbt sich schon seit ur-ewigen Zeiten
Und wird für lange Zeiten
über allen Dingen bleiben
Da macht es nichts, ob du das Ganze irgendwie
ein wenig nur verstehst

Wie oft du auch immer so weinst,
die Sonne wird doch immer wieder warm
und recht zufrieden scheinen
Wenn du dann von dem Großen,
das du nicht erreichst, schon träumst
Wenn du am Anfang bist und manchmal doch
ganz nah am Abgrund scheinst
Mein Wunsch wird dich überallhin
und immerzu begleiten
Und irgendwann wirst auch du nicht mehr allein
und einsam bleiben

Wie sehr du auch haderst mit dir
und allen dummen Sorgen
Es wird wohl immer einen Weg
und eine Lösung geben
Werf´ nichts weg,
denn es gibt ein Heute,
und es gibt ganz sicher eine Hoffnung
Und einen völlig neuen, unverbrauchten Morgen
Nein, dein Lachen
und dein Weinen bleiben mir niemals verborgen
Denn aus alledem besteht dies eine,
unwiederbringlich wundervolle Leben

Gib nicht auf

Gib die Träume noch nicht auf
Schau, sie sind ganz tief in dir
Nehm die Ängste nicht in Kauf
Gib die Träume niemals auf
Denn das Leben wartet hier

Lass die Hoffnung nicht zurück
Spür dein Herz, es schlägt doch noch
Wenn du auch noch fern vom Glück,
lass die Hoffnung nie zurück
Nach dem Tief kommt stets ein Hoch

Heb die Tränen dir noch auf
Steh jetzt auf, es ist nicht schwer
Nehm die Trauer nicht in Kauf
Steh jetzt selber wieder auf
Weiß, dein Leben ist nicht leer

Was ich bin

Was ich bin, bin ich durch dich
Die Tränen und die Hoffnung auch
Ich hatte Angst, ganz sicherlich
Doch ich hoffte stets auf dich,
stand ich auch mal auf dem Schlauch

Was ich bin, bin ich durch dich
Die Trauer und die Träume, ach
Ich zitterte oft fürchterlich,
wenn´s nicht ging, so ohne dich
Du gabst mir dein festes Dach

Was ich bin, bin ich durch dich
Gefühle, Lachen, Weinen, ja
Ließest mich niemals im Stich
Heut sag ich mir:
Ich liebe dich
Du mein Herz, bist immer da

Die Muschel

Ich fand sie dort am langen Strand
Die große Muschel, ganz in weiß
Sie lag so einsam da im Sand
Die schöne Muschel dort am Strand
Und Sommer war es, schwül und heiß

Ich hob sie auf, hielt sie ans Ohr
Es rauschte so geheimnisvoll
Welch Engel sie wohl hier verlor
Ich hielt sie einfach nur ans Ohr
Und plötzlich fühlte ich mich wohl

Die Kinder sprangen um mich rum
Das Wasser kühlte, war so frisch
Die Muschel lag am Strand herum
Und Kinder sangen um mich rum
Und manchmal auch ein kleiner Fisch

Ich dacht, ob ich jetzt baden geh
Mal so ins Wasser – wärs nicht toll
Gar friedlich lag die wilde See
Ob ich vielleicht mal baden geh
Im Wasser wärs gar wundervoll

Da sprach die Muschel lieb und leis:
„Du bist doch frei, los, spring´ ins Nass"
An jenem Strand, der lang und weiß,
war´s wunderschön und ziemlich heiß
Im Wasser hatt ich sehr viel Spaß

Die Muschel nahm ich mit ins Meer
und ließ sie frei, sie tauchte schnell
Der Tag fiel leicht mir, gar nicht schwer
Ich nahm die Muschel mit ins Meer
Und plötzlich ward manch Trübes hell

All jene Sorgen, tief in mir,
die nahm die Muschel mit sich fort
Mir schien, sie lag für mich nur hier
Sie nahm die Nöte tief in mir
Verzauberte die Welt, den Ort

Fast wie ein Kind sang ich und sprang
am Ufer her und wieder hin
Ich hör noch heut der Muschel Klang
Sie rauschte leis und lieb und lang
Sie gab mir neuen Lebenssinn

Ich fand sie da am Meeresstrand
Die weiße Muschel, groß und weiß
So manches Jahr zog übers Land
Ihr Rauschen blieb mir, da am Strand
Und Sommer war´s
So schön und heiß

Nachtflug

Dein Flieger jagt durch tiefste Nacht
Was ist in deinen Traum gekracht
Kaputt dein Leben und dein Tag
Zerstört die Hoffnung, nur noch Klag
Was hat dich nur hierhergebracht

Dämonen schreien laut und leis
Dir wird es schlecht, dir wird es heiß
Der Schweiß rinnt dir in Strömen schon
Die ganze Nacht, ein einziger Hohn
Dein Hirn ist schwarz und nicht mehr weiß

Du bist allein im Flieger, ach
Du schnappst nach Luft und bist halbwach
Im Taumel jenes Fluges bald
Wirst du im Flieger nicht mehr alt
Die dunkle Nacht hält dich in Schach

Befrei dich jetzt, sonst ist's zu spät
Weil irgendwann kein Flug mehr geht
Du musst jetzt landen, irgendwo
Flieg nur nicht weiter, nur nicht so
Der Flug ist längst vom Sturm verweht

Manch Alb flirrt wirr durch deinen Sinn
In deiner Seel – ein Ungetüm
Du kennst den Teufel, werf ihn ab
Sonst fliegst du abwärts, in dein Grab
Räum endlich auf, dort in dir drin

Dein Flieger setzt zur Landung an
Du hast entschieden wie ein Mann
Bald ist der Alb, der Traum vorbei
Die Nacht zerrinnt und du bist frei
Jetzt fängt dein neues Leben an

Wimpernschlag

Ein Augenblick ist oft so kurz
Nimmt mich gefangen, immerfort
Ein Hochgefühl, ein Flug, manch´ Sturz
Ach, Augenblicke sind so kurz
Sie treiben mich von Ort zu Ort

Ein Wimpernschlag das Leben scheint
Keimt auf, vergeht, rinnt schon dahin
Vergeht im Glück, oft auch verweint
Ein Wimpernschlag nur alles scheint
Ein Wimpernschlag – mit welchem Sinn

Ich denk nicht nach, leb weiter so
Manch´ Augenblick
Manch´ Wimpernschlag
Spür Traurigkeiten, bin auch froh
Und denk nicht nach, leb einfach so
Denn neu ist jeder Lebenstag

Gezeiten

Am Ufersaum nur sanfte Wellen
Das Meer kommt leis und laut daher
Am Horizont, dem dunklen, hellen
Spür ich des Ozeanes Wellen
Und in mir drin wird's leicht und schwer

So einsam ist's an diesem Orte
Die Weite scheint unsagbar weit
Ich denke nur, ganz ohne Worte
An diesem magisch, starren Orte
Und es zerrinnt mir Hoffnung, Zeit

Nur Möwen schreien mit dem Winde
Der sich in Sanddünen verliert
Ich hofft, dass ich die Welt verstünde
Doch sind da nur die kalten Winde
Und jener Strand, der schläft und friert

Ganz plötzlich dunkelt es behände
Und stürmisch wird's am Strande hier
Ich reib mir flugs die leeren Hände
Dass es bald wärmer wird behände
Und ich nicht einsam, alt erfrier

Das Wasser weicht dem Mond entgegen
Zieht sich zurück, weil Ebbe ist
Ich wollt ins Watt mich reglos legen
Doch schlägt der Sturm mir da entgegen
Und sagt, dass man mich längst vermisst

Da wird mir klar, ich sollt wohl gehen
Dorthin, wo ich was ändern mag
Das Meer sagt's laut, ich kann's verstehen
Ich sollt nach Hause schnellstens gehen
Bevor sie kommen, Flut und Tag

Jedoch liegt vor mir nur die Leere
Das Meer ist fort, ich weine leis
In meinem Herz die bittre Schwere
Und überall die lähmend Leere
Ganz langsam wird das Watt zu Eis

Laut schlägt erneut der Sturm zum Strande
Bringt bald das Meer, ich ahn es schon
Ganz nah an der Gezeiten Rande
Fragt keiner wohl nach Glück und Schande
Bleibt nur manch Schuld als letzter Hohn

So schlag ich hoch den warmen Kragen
Weiß plötzlich, dass ich leben will
Auf einmal gibt es keine Fragen
Ich schlag ihn hoch, den feinen Kragen
Und hinter mir rauschts laut und still

Trauer

Demut in der Düsternis
Wind streicht um mein Haupt
Vor dem Holzkreuz ganz gewiss
Tränen in der Düsternis
Es ist still, nicht laut

Regen fällt in Herz und Seel
Auf das Holzkreuz, ach
Ich vom Leben leis erzähl
Tiefe Trauer in der Seel
Unter Gottes Dach

Freude fühl ich nimmermehr
Lieder singen still
Alles, alles tränenschwer
Selbst mein Blick scheint starr und leer
Schlimmes Angstgefühl

Schaffe ich es so allein
Kann doch nicht mehr sein
Möchte trauern, ewig schreien
Niemals ohne dich je sein
Lass mich nicht allein

Ich verharr in Dunkelheit
Nacht zieht in die Welt
In mir drin nur Tod und Leid
Auch die Hoffnungslosigkeit
Und der Regen fällt

Am Ziel

Durch die Nacht und durch den Regen
Gehst du deinen langen Weg
Dort, wo dunkle Mächte schweben
Wolltest du fast nicht mehr leben
Tränennass ein jeder Steg

Immerfort manch´ Nachtmahr drohen
Ängste vor der tristen Welt
Wo Gefühle längst erfroren
Wo du glaubtest dich verloren
Hoffst du doch auf das, was hält

Und du gehst die Straße weiter
Einsam ist sie – ohne Ziel
Fürchte nicht manch dunkle Reiter
Die dich töten wollen, leider
Vorwärtsgehen ist kein Spiel

Nur die Träume sind geblieben
Aus der fernen Kinderzeit
Hast sie alle aufgeschrieben
In die Seel hineingetrieben
Ja, du spürst: bald ist´s soweit

Lange warst du auf der Reise
Quer durch dich – durch Herz und Sinn
Plötzlich hörst du jene Weise
Jenes Lied, es singt so leise
Zieht durch alle Hoffnung hin

Da ward alle Nacht zu Ende
Vor dir schäumt das wilde Meer
Ach, es netzt die starken Hände
Stoß sie um, die letzten Wände
Holst das Glück, die Träume her

Endlich fühlst du dich geborgen
Du bist sicher und so leicht
Stark bist du und fern der Sorgen
Lachst ihn an den neuen Morgen
Denn du hast dein Ziel erreicht

Nebel

Und der Nebel, der zieht weiter
Nichts bleibt ihm verborgen, nichts
In ihm drin scheint's gar nicht heiter
Nebelschleier wabern weiter
Jenseitig von Tag und Licht

Bin tief drin in jenem Nebel
Geht nach vorn nicht, nicht zurück
Angst kommt auf, mir brummt der Schädel
Todesschrei im dichten Nebel
Ich beweg mich nicht ein Stück

Wo die Heimat, wo mein Leben
Wo sind Menschen, die ich kenn
Schon versuch ich es mit Beten
Will zurück mein altes Leben
Will die Welt, die reich und schön

Doch es bleibt mir nur dies Schweigen
Dieses Nichts, die Blindheit, ach
Wie lang sollt ich hier noch bleiben
Nein, ich will nicht länger leiden
Doch ich bin nur noch halbwach

Ohne Heimat, ohne Liebe
kann ich nicht mehr leben hier
Doch der Nebel grinst nur müde
Will, dass ich bei ihm nun bliebe
Macht mich bald zum wilden Tier

Plötzlich, da, ein Sonnenschimmer,
der mir einen Ausweg bahnt
Und bevor es wieder schlimmer,
greif ich mir den Lebensschimmer
Endlich seh ich wieder Land

Hinter mir bleibt aller Nebel
Weiter zieht er, ohne Rast
Halt mich fest am Sonnensegel
Bald schon fort der böse Nebel
Ach, vor Freud mein Herze rast

Und der Nebel, der zieht weiter
Nein, ich seh ihn lang nicht mehr
Aller Tag ward froh und heiter
Spür in mir, werd froh und leichter:
Meine Heimat brauch ich sehr

Mein Amerika

Wo die Weißkopfadler kreisen
Wo die Städte riesig sind
Wo die Menschen friedlich reisen
Fühl ich mich frei
Wie ein Kind

Dass die Welt will neu entdecken
Jenes Land
Gut, weit und schön
Will hier meine Träume wecken
Durch die großen Städte gehen

Alabamas Wald und Felder
Santa Monica am Meer
Scheinbar werd ich hier nie älter
Ach, mein Herz ward leicht und schwer

Am Grand Canyon ewig staunen
Washington
Das „Weiße Haus"
Übern Highway will ich brausen
Harley-Träume

Stadt der Engel – unergründlich
Hollywood
Mein Märchenland
Ach, hier leb ich unermüdlich
California
Heimatland

Von New York bis San Francisco
Hier gerät mein Herz in Brand
Glück und Frieden
Ja, das ist so
USA, mein Wunderland

Fort

Fort sind nun die Stunden
Fort dies alte Jahr
Fort die alten Wunden
Jene drei Sekunden
Als ich traurig war

Neu hat´s nun begonnen
Dieses neue Jahr
Sommer-Wintersonnen
Altes längst zerronnen
Neues scheint jetzt klar

Vieles wird es geben
Wie in jedem Jahr
Lasst uns weiterleben
Lächeln auch verwegen
Schlau und dumm und Narr

Nebel

Nebelschleier über Feldern
Nebelbänke überall
Undurchdringlich in den Wäldern
Und manch Weg ist feucht und schmal

Nebel auch in meiner Seele
Nimmermehr wird's klarer dort
Das mein Feuer weiter schwele,
wünschte ich mir immerfort

Nebel überm Friedhofsgarten,
wabert zwischen Gräbern hin
Nein, ich will nicht länger warten
Will nach andern Orten ziehn

Doch die Nebel stehn behände
voller Unklarheit und Hass
Ach, es zittern meine Hände
Nebel machen wenig Spaß

Selbstlos bleib ich hier am Orte
Nur mein Traum flieht vor der Zeit
Nebel dämpfen manche Worte
Hab längst den Entschluss bereut

Und die Nebel ziehen weiter
Bald schon sind sie nicht mehr hier
Ja ich weiß, dann werd ich heiter
Und es freut sich Mensch und Tier

Angst

„Wovor hast du richtig Angst",
fragtest du beim Abschied noch
Und ich schwieg, wusst, dass du bangst
Wovor hab´ ich wirklich Angst
Ist da wirklich solch ein Loch

Als du fort warst, sank ich hin
„Ja, ich habe Angst", schrie ich
Du bist doch mein Lebenssinn
Als du weg warst, sank ich hin
Angst hat jeder, sicherlich

Angst, dass ich nichts schaffen kann
Dass ich arm zu Grunde geh
Dass ich schwach bin und kein Mann
Dass ich nicht mehr lachen kann
Dass ich wie ein Hauch vergeh

Dass ich krank am Boden lieg,
sterben werde vor der Zeit
Dass mich niemand richtig liebt
Dass ich tot am Boden lieg
Dass zurück ich einmal bleib

Dass ich dich einmal verlier
Dass wir und nicht mehr verstehn
Dass mich auffrisst Hass und Gier
Dass ich mich einmal verlier
Dass wir auseinander gehn

Dass manch´ Streiterei mich lähmt
Dass die Hoffnung in mir stirbt
Dass ich wütend und vergrämt
Dass manch Einerlei mich lähmt
Dass mein Traum im „Nichts" verdirbt

Dass ich Schönes nicht mehr seh
Dass ich blind durchs Leben zieh
Dass gefühllos ich verweh
Dass ich Neues nicht mehr seh
Dass ich Tee trink in der Früh

Dass ich mich total verlier
Dass ich kleb an altem Muff
Dass ich tatenlos erfrier
Dass ich mal mein „Ich" verlier
Dass ich *schmacht* in Qualm und Suff

„Manchmal hab´ ich richtig Angst",
sagt ich leis beim Wiedersehn
Und du schwiegst, weil du so bangst
Ja, manchmal hat man eben Angst
Halt mich fest, dann wird's vergehn

Flut

Sie wollten fröhlich baden gehn
Am Tag wie heute, gegen 10
Ein Meeresrauschen, sanft und leis
Man ahnte nicht, was man jetzt weiß
Und Kinder lachten, wunderschön

Da bebte kurz die Erde mal
Nicht stark, nicht schlimm, ganz ohne Knall
Dann war es still und nichts schien schlecht
Die Sonne brannte heiß und echt
Vor jenem letzten Wasserfall

Von fern sah sie so seltsam aus
Die Woge, riesig, wie ein Haus
Die Menschen schauten, staunten auch
Weil es so gut nach Sommer roch
Noch lebten Strand, Hotel und Haus

Doch als das erste Boot verschwand
Ein Wellenrauschen es verschlang
Das Ufer schwand ins Meer zurück
Sich schnell getürmt mit Sand und Schlick
Da sind die Menschen fortgerannt

Es krachte und es knallte laut
Es stürzte ein, was einst gebaut
Die Flut brach ein, nahm alles mit
Sie ließ den Leuten nicht ein Stück
Das Leben schien vom Tod geklaut

Als das Getöse dann vorbei
Schien alles aus, so einerlei
Den Strand, den Urlaub gab´s nicht mehr
Manch´ Blick, manch´ Hoffnung starr und leer
Nur blieb ein Tränenmeer, ein Schrei

Die Mutter, die ihr Kind verlor
Der Kleine mit dem Ring im Ohr
Ein Vater, der umhergeirrt
Weil die Familie zerstört
Am Ort, wo aller Traum erfror

Am Ufer bleib ich lange stehn
Es war ein Tag wie heute, schön
Das Meer, es rauscht mal laut, mal leis
Heut weiß ich, was nun jeder weiß:
Sie wollten fröhlich baden gehn

Fremd

Manchmal scheint sie fremd, die Welt
Geht vorbei und ist schon fort
Manchmal zählt, dass nichts mehr zählt
Man begreift, das gar nichts hält
Diese Welt – ein schlechter Ort

Man denkt nach und findet nichts
Fährt und fliegt und läuft davon
Trotz der Sonne, fern des Lichts
Nach Verderben schreits und riechts
Übrig bleibt ein Hungerlohn

Tränenschwer kommt man nach Haus
In die Welt, die gut man kennt
Spricht den Nachbarn, jagt die Maus
Alles sieht so ruhig aus
Und kein Traum mehr stirbt, verbrennt

Da begreift man, wie es geht
Braucht nicht mehr so viel zum Glück
Man versteht, dass man versteht:
Heimat, Leben, Wind, der weht
Von sich selbst ein kleines Stück

Gebet für einen Freund

Er lag und liegt mir dicht am Herzen
Ich will ihm helfen aus der Not
Für ihn die allerschönsten Kerzen
So viel für ihn liegt mir am Herzen
Ich bete für den Freund zu Gott

Er ist allein dort in der Fremde
Ich muss zu ihm, doch fühl mich schwach
Gäbe ihm mein letztes Hemde
Ich muss zu ihm in diese Fremde
Zu zweit geht's leichter unterm Dach

Uns trennen Meilen, Kilometer
Und doch fahr ich sie zu ihm bald
Mein Freund, ich komm – doch etwas später
Ich komm die Meilen, Kilometer
Das Weihnachtsfest steht schon im Wald

Er lag und liegt mir stets am Herzen
Ein Freund, der da ist, auch in Not
Für ihn die schönsten Weihnachtskerzen
So sehr liegt er mir tief im Herzen
Ich bete für den Freund zu Gott

Roter Ball

Es sprang ein Ball vor meiner Nase
So auf und ab und auf den Weg
Zertrümmerte wohl eine Vase
Und sprang nur hin vor meiner Nase
Ein leiser Wind hat lau geweht

Es war ein großer Ball, ein roter
Der sprang und kullerte dahin
Wo kam er her, und wie – und – oder
Es war ein schöner Ball, ein roter
Und plötzlich war ich wieder Kind

Sprang in Gedanken auf und nieder
Und spielte mit dem roten Ball
Sang immerfort die gleichen Lieder
Und spielte Ball im Garten wieder
Wo ich so glücklich, fröhlich mal

Doch rollte fort der Ball behände
War irgendwann nicht mehr zu sehn
Noch immer klatsch ich in die Hände
Es war nicht einsam im Gelände
Dort, wo die sanften Winde wehn

Der Ball ist fort, es war ein roter
Und ich war Kind, ein kurzes Stück
Wo kam er her, wieso – und – oder
Es war ein schöner Ball, ein roter
Und bracht ein längst vergessenes Glück

Morgenluft

Kühl ist jene Morgenluft
Tränenschwer noch tief in mir
Eine Stimme nach mir ruft
Und es lebt die frische Luft
Hier am See, so kurz nach 4

Ach, ich denk an Vieles so
Auch an dich, an diese Zeit
Und mein Herz brennt lichterloh
Doch die Sinne sind nicht froh
Bin vom Leben noch so weit

Fern sind meine Träume da
Schwelgen mit den Wogen fort
Manches Bild, das ich wohl sah
Schon zerflossen, nicht mehr da
Es bleibt nur ein stiller Ort

Kühl ist alle Morgenluft
Mach mich auf und ziehe hin
Ja, ich weiß, wer nach mir ruft
Wie ein Lied – die neue Luft
Wie ein Traum – mein bester Sinn

Bahnsteig 2

Es steht ein Zug auf Bahnsteig 2
Auf jenem Bahnhof irgendwo
An diesem Morgen, kurz nach 3,
ist's düster noch auf Bahnsteig 2
Nur eine Frau weint einfach so

Ein Wind verweht sich überm Gleis
Die Frau ist stumm, ihr Blick scheint starr
Am Bahnsteigdach hängt Schnee und Eis
Sie steht wohl da, weil sie jetzt weiß:
Ihr Leben hier zu einsam war

Fort will sie fahren, nur weit weg
Dorthin, wo alles anders ist
Sie starrt zum kalten Schienensteg
Und nur ein Wind ganz leise weht
Dort, wo ihr Mann sie nie mehr küsst

Kein Mensch steigt aus, kein Mensch steigt zu
Der Zug wohl wartet nur auf sie
Sie trägt schön warme Winterschuh
Und übern Bahnsteig schleicht sich Ruh
Es ist noch zeitig in der Früh

Die Reisetasche, braun und voll,
steht auf dem Bahnsteig neben ihr
Hier ist's so still, hier ist's nicht toll
Sie will nur gehen ohne Groll
Da schlägt die Bahnhofsuhr laut: *Vier*

Der Schaffner pfeift, der Zug rollt an
Die Tür vom Wagen ist noch auf
Wenn sie jetzt flieht, wo kommt sie an
Bringt sie der Zug zum Glück sodann
Sie steigt die Wagentreppe rauf

Und springt herab, der Zug fährt fort
Ein Wind nur streicht ganz sacht daher
An diesem unwirklichen Ort
versiegt manch´ Traum und auch manch Wort
Von fern nur pfeift der Zug recht schwer

Und wieder steht sie schweigend da
Der Schnee fällt leis auf Bahngleis 2
Egal, was war, was auch geschah,
ihr wird es plötzlich sonnenklar:
Ein andrer Zug kommt bald herbei

Orange Drive

Oh, ich liebe ihn so sehr
Diesen Drive der großen Stadt
Nein, es fällt mir nichts mehr schwer
Lieder fliegen bis hierher
Hier, wo keiner Sorgen hat
Wo die Sonne lächelt satt

Oh, ich bin hier immerfort
Auf dem Drive der großen Stadt
Hollywood, was für ein Ort
Dieses große schöne Wort
Wo manch Traum Erfüllung hat
Orange Drive
Und jene Stadt

Oh, was für ein Sternenglanz
Auf dem Drive quer durch die Stadt
Was ist's für ein Märchentanz
Hollywood im besten Glanz
Nächte unterm Palmenblatt
Der geheimnisvollen Stadt

Nach Hause

Er wollt in die große Stadt
Dort, wo jeder gut gelaunt
Dort, wo jeder Reichtum hat
Schönes Essen, Liebe satt
Dort, wo keiner mehr „nur" staunt

Darum ging er weg, dorthin
Fort aus seiner Heimatstadt
Wo das Leben endlich Sinn
Wo er lockte, der Gewinn
Dort, wo jeder alles hat

Langsam fuhr der Zug davon
Seine Mutter winkte lang
Weinte auch um ihren Sohn
Große Stadt, ich komme schon
Fort von Mutters lieber Hand

In der Stadt schien alles groß
Job und Wohnung, Auto, Geld
So fernab von Mutters Schoß
fühlte er sich stark und groß
Und er spielte: Große Welt

Eines Tags jedoch bei Nacht
ging's ihm schlecht: Der Bauch, der Kopf
Eine Grippe kam, nicht sacht
Hatte ihn fast umgebracht
Ach, er schien ein armer Tropf

Seine Kurse brachen ein
Aus der Wohnung musst´ er raus
Nobel erst, dann armes Schwein
Ihm blieb nur manch Flasche Wein
Mit dem Job war´s auch schnell aus

Da begriff er, dass nichts zählt,
außer dem, was schlägt im Herz
Auto, Haus und großes Geld,
auch nicht alle große Welt,
gibt es für den Heimatschmerz

Und so fuhr er schnell zurück
Mutter hat es stets gewusst
Er kam heim ins alte Glück
Und er baute Stück um Stück
alles neu mit größter Lust

Nie mehr ging er von hier fort
Denn nur hier sang Mutters Lied
Ach, an diesem guten Ort,
da verstand er jenes Wort:
Heimat ist das Herz, das Glück

Teufelsort

Düsternis auf allen Straßen
Wege führn ins Nirgendwo
Regen auf der Haut, der blassen
Und ein Schrei tönt einfach so

Eine Kralle aus der Schwärze
Will dich fassen dort am Wald
Und es rast dein armes Herze
Und ein Wind weht, es ist kalt

Blanke Angst will dich schon lähmen
Da rennst du wie wild davon
Keine Zeit zum Warten, Schämen
Flucht scheint aller Ängste Lohn

An der Straße hältst du inne
Nichts geschieht, es ist so still
Keine Kralle, keine Spinne,
die dich frisst im Geisterspiel

Kalter Schweiß läuft dir in Strömen
Ist der Zauber wirklich fort
Nur Gewitterdonner dröhnen
Hier an diesem Teufelsort

Jener Spuk scheint nun zu Ende
Alles färbt sich hell und gut
Trocken wieder Haar und Hände
Endlich schöpfst du neuen Mut

Letzter Vers

Das Lied ist aus
Der Künstler geht von dannen
Der Vorhang fällt
Kein Publikum im Saal
Es piepst die Maus
Die kann den Ruhm nicht ahnen
Verklärte Welt
Hier blieb ihm keine Wahl

Der Künstler ging
Und seine Kunst Verflogen
Der Vorhang fiel
Das Licht geht langsam aus
Wo ist der Sinn
Egal, ob wahr, gelogen
Es gibt kein Ziel
Das weiß der Mann,
die Maus

Der Stieglitz

Es fliegt ein Stieglitz durch die Zeiten
Fliegt durch Berlin, Paris und Prag
Will nirgendwo zu lange bleiben
Er fliegt behänd durch Tag und Zeiten
Und zwitschert, wie er zwitschern mag

Denkt an die Welt, die schöne, helle
Die war einst ziemlich trüb und schlimm
Er ist ein lustiger Geselle
Denkt an die Welt, die flotte, schnelle
Und sinnt nicht übern Lebenssinn

Da, auf dem Baum, ne kleine Pause
Ein kleines Lied für jedermann
Vielleicht noch eine lustig´ Sause
Dann zieht er weiter übers Hause
Und weiter fort, durchs Land sodann

Am Strand lauscht er dem Meeresrauschen
Wer weiß, wovon er da so träumt
Vielleicht will er der Brandung lauschen
Doch will er nie mit andern tauschen,
weil er vom Leben nichts versäumt

Schon bald erhebt er sich mit Kräften
Und flattert übers Meer davon
Er fühlt sich gut, in besten Säften
Scheint jenseits wohl von Geldgeschäften
Wer fragt den kleinen Vogel schon

Er ist ein Stieglitz unter vielen
Und fliegt, weil er halt fliegen muss
Wer weiß schon von den Stieglitz-Zielen
Vielleicht will er nur einfach spielen
Vielleicht ist er ein Gottesgruß

So fliegt er weiter durch die Zeiten
Fliegt von New York nach Binz und Bern
Wohl will er nirgends lange bleiben
Er fliegt nur fröhlich durch die Zeiten
Ich wink ihm oft
Ich hab ihn gern

Fragen

Wo sind all die Kinderzeiten,
als wir frei und voller Freud
Wo sind all die vielen Reisen
Sag, wo sind die guten Zeiten,
als wir keinen Weg gescheut

Wo sind all die wilden Jahre,
als wir hin und her gerannt
Wo sind die verrückten Tage
Jene flotten, schicken Jahre
Wo der weiße Meeresstrand

Wo sind all die guten Träume,
die noch friedlich stolz und bunt
Sag, wo sind die Mandelbäume,
dort, wo wir die besten Träume
Als wir stark und so gesund

Nichts scheint mehr davon geblieben
Alter zog durch Mark und Bein
Doch wir sind nicht abgeschrieben
Und es bleibt noch Zeit zum Lieben
Zeit für Glück und süßen Wein

Fjord

Im Tal der hohen Berge,
ganz weit im Fjord, im Schnee,
war unsere Herberge
Die Kindheit dort, am Berge
An jener stillen See

Das habe ich genossen
Die Jahre gingen schön
Und als die Bäume sprossen
Und Träume sich ergossen
Wollt ich im Tanz mich drehn

Mit Mutter ewig laufen
Durchs Tal bis hin zum Strand
Und süße Bonbons kaufen
Buschblätter kehrn zum Haufen
Und unsre Spurn im Sand

So fern sind all die Zeiten
Am Fjord, beim Berg, im Tal
Wohl wollt´ ich ewig bleiben
Dort, wo die Adler gleiten
Dort, wo die Wege schmal

Doch zogs mich in die Ferne
in jene große Stadt
Dort sah man keine Sterne
Es fehlte auch an Wärme
Da, wo man alles hat

Nach dreiundzwanzig Tagen
hielt ich es nicht mehr aus
So schwer wogen manch´ Klagen
Es platzte oft der Kragen
Ich wollt dort endlich raus

Und packte meine Sachen
Nach Hause ging es, heim
Konnt plötzlich wieder lachen
Wie früher wollt ich´s machen:
Als Kind bei Mutter sein

Bin endlich heimgekommen
zum Haus am Berg, im Schnee
Dort strahlten alle Sonnen
Die Tränen längst zerronnen
Und still der Fjord, die See

Albtraum

Unheimlich die engen Straßen
Unfassbar manch´ dunkle Gassen
Nebel wabern durch dies Land
Meine Spur im feuchten Sand

Keine Menschenseele, nichts
Es ist Nacht, so fern des Lichts
Plötzlich gellt ein schriller Schrei
Alle Ruhe ist vorbei

Fabelwesen, böse Mächte
streifen wild durch Kellerschächte
Furcht lehnt an so manchem Haus
Längst geflohen: Mann und Maus

Endlich naht der graue Morgen
Jene Nacht scheint schwach geworden
Licht vertreibt die Düsternis,
schlägt dem Albtraum einen Riss

Bis die Teufel wieder drohen
Und die Ängste schwerlich bohren
Bis die Nebel ziehn durchs Land
Meine Spur, verlorn im Sand

Die Kraniche ziehen

Es ziehen Kraniche durchs Land,
bis hin zum wilden Meeresstrand
Ich schau vom Ufer in die Weite
Es ist so frisch und windig heute

Kein Mensch kann ich am Strande sehn
Will barfuß durch den Sand jetzt gehn
Ich leg mich schwerlich in den Wind
Ich wär wohl wieder gern ein Kind

Hier, wo das Meer dies Lande küsst,
hier hab´ ich mich und nichts vermisst
Die Wogen schlagen rauschend hoch
Und ich bin ratlos, immer noch

Verwirrtheit dröhnt durch Herz und Sinn:
Was, wenn ich doch verloren bin
Geht's mit dem Leben mal bergauf,
im nimmermüden Dauerlauf

Dort in der fernen wilden Stadt,
jenseits von Träumen, niemals satt,
bleibt für manch´ Denken wenig Zeit
Manch´ Wunsch,
manch´ Hoffnung scheint so weit

Ich bleibe stehn, ruf übers Meer:
Du, bring mir eine Lösung her
Doch es gibt keine Antwort nicht
Das Meer nur rauscht gar ewiglich

Es wird so sein, wies immer war:
Ich sollt nur leben, gut und klar
Stapf weiter durch den Ufer-Sand
Und es ziehn Kraniche durchs Land

Schwarze Materie

Die schwarze Materie, die gibt und auch nimmt,
dort im Universum Was ist, wenn das stimmt
Sie gab alles Leben und hält es zusamm
Sie löscht alle Lichter und zündet sie an

Was wird sie bewirken, ist irgendwann Schluss
Nie wieder das Leben Nie wieder ein Kuss
Wofür all das Treiben auf unserer Welt,
wenn alles zerbröselt, wenn alles zerfällt

Es munkeln die Forscher vom finalen Knall
Nichts bleibt, wie es war in dem riesigen All
So wie es gekommen, so wird es vergehn
Und all unsre Träume, die sollen verweh´n

Ich will das nicht glauben, ich fass es nicht mal
Gab Gott uns dies Leben für zukünftige Qual
Die Sterne, Planeten, all die Galaxien,
sind sie dann vergessen Ist alles dahin

So soll es nicht enden, so darf es nicht sein
Ich liebe das Leben, den Himmel, den Stein
Vielleicht liegt´s an uns auch,
dass wir etwas tun
Vielleicht sollten wir nicht mehr warten
und ruhn

Es ist wohl ein Rätsel, und auch wieder nicht
Die Liebe wird bleiben, die Hoffnung, das Licht
Die schwarze Materie, die gibt und auch nimmt,
sie wird uns nicht töten
Ich weiß, dass das stimmt

Vielleicht bringt der Glaube an Gott Lebenssaft
Vielleicht liegt ja auch in der Hoffnung die Kraft
Wir werden nicht schweigend
im Dunkel vergehn
Wir werden die schwarze Materie verstehn

Denn tief in uns schlummert ein Mördergefühl
Es lässt uns nicht sterben – es führt uns ans Ziel
Es bringt uns in eine ganz andere Zeit:
Dort, wo wir geborgen
Dort, wo wir befreit

Die Tänzerin

Irgendwie verklärt vielleicht
eine Träne noch im Aug
Ist berühmt sie, ist sie reich
Manchmal traurig auch Vielleicht
Es ist ihre beste Schau

Ach, es war ´ne schwere Zeit,
harte Arbeit, viel Verzicht
Heut ist sie vom Glück nicht weit
Nein, sie fühlt sich nicht befreit
Streng manch´ Züge im Gesicht

Viele Fragen wiegen schwer:
War es richtig War´s nicht gut
Ist sie heute wirklich wer
Ach, ihr Leben wiegt so schwer
Soviel Tanz liegt ihr im Blut

Düster scheint die Bühne jetzt
Nur Musik erklingt ganz leis
Ja, sie tanzt so unverletzt,
leicht und schön und nicht gehetzt
Ihr Tutu ist strahlend weiß

Und sie tanzt für sich allein
Nur ein Licht strahlt sie noch an
Warum stets alleine sein
Warum niemals Sekt und Wein
Schaut sie wirklich niemand an

Da bemerkt sie einen Blick
Er ist stark und trifft sie sehr
Und ganz langsam, Stück für Stück,
tanzt sie hin zu jenem Blick
Fühlt dabei sich traurig, schwer

Es ist eine fremde Frau
Ihr Gesicht im Schatten liegt
Doch ihr Blick ist sehr genau
Wer ist jene fremde Frau
Woher hat sie diesen Blick

Als sie näher tanzt und schaut,
staunt sie, denn die Frau vor sich
ist sie selbst, so sehr vertraut
Und sie weint und staunt und schaut,
sieht ihr eigenes Gesicht

Niemand sonst ist wohl zu sehn´,
jenseitig von Traum und Show
Ach, sie tanzt so wunderschön,
möcht nicht von der Bühne gehn
Doch die Fremde scheint nicht froh

Da, das Licht verlöscht ganz sacht
Und die Schau ist aus, vorbei
Längst ist es nach Mitternacht
Da geht aus das Licht ganz sacht
Aller Tanz scheint einerlei

Regungslos und leichenblass
geht sie von der Bühne schnell
Spürt nicht Trauer oder Spaß
Draußen ist es regennass
Nacht ist es und gar nicht hell

Plötzlich spürt sie es genau:
Tanzen ist ihr größtes Glück
Niemals war ihr Leben grau
Und es lacht die fremde Frau
Leicht tanzt sie zur Show zurück

Nomade

Ja, hier draußen lebt die Stille
Heute hier und morgen dort
Irgendwie mein bester Wille
Überall nur Weite, Stille
Sterne, Himmel, kaum ein Wort

Hund und Zelt, das ist mein Leben
Meine Träume sowieso
Hier, wo ewig Winde wehen,
kann ich in die Ferne sehen,
bin ich glücklich, leicht und froh

Doch schon bald, da werd ich ziehen,
weg von hier, von diesem Ort
Nein, das ist kein ängstlich fliehen,
ist nur einfach Weiterziehen
Denn mich treibt es fort, weit fort

Unruhig mein Hund, mein Herze
Rastlos alles, auch mein Sinn
Und im Licht der letzten Kerze
mache ich schon Wanderscherze,
weil ich nie Zuhause bin

Ach, hier draußen spür ich Leben,
jenseitig von Stadt und Zeit
Hier, wo Winde, Stürme wehen,
kann ich meine Träume sehen,
fühl ich mich so sehr befreit

Dann ein Abschied von so vielen
Wieder freu ich mich darauf
Zu ganz neuen, fernen Zielen,
heißen Ländern, und auch kühlen,
mach ich mich nun endlich auf

Die Mörderin

Sie saß ihr gegenüber
an dem viel zu großen Tisch
Sie stellte viele Fragen, aber sonst
Da war wohl nichts
Die Frau da gegenüber hat getötet vielleicht –
wohl
Einen Mann, den Vergewaltiger,
so ganz ohne Groll

Die Polizistin sah ihr tief ins Angesicht
Sie stellte viele Fragen,
aber sonst war wirklich nichts
Sie hat erzählt, dass sie einfach nichts bereut
Sie wurde vergewaltigt
Und ihr halfen keine Leut

Düster war der Raum, düster auch jenes Verhör
Manch´ Frage,
manch Antwort fiel so unendlich schwer
Tränen schwiegen übers starre Angesicht
Überall nur Trauer,
jenseitig von irgendwelchem Licht

Immer wieder Stille, wenn sie nicht mehr sprach
Beide Frauen – dort am Tisch –
und so schrecklich wach
Das, was man ihr antat, war der schlimmste Tod
Nie mehr glücklich leben,
immer nur in allerhöchster Not

Und die Polizistin sah ihr traurig ins Gesicht,
schaut´ in ihre Seele
Nein, sie fand den Menschen nicht
Manche sterben plötzlich,
einfach vor der Zeit
Manche Frauen morden,
wenn die Worte weit

Wieder dieses Schweigen,
dieser hoffnungslose Blick
Wer bringt dieser Frau
irgendein Vertrauen je zurück
Alles scheint gestorben,
zäh die letzte Atemluft
Dort am Ende aller Leben
bleibt nur eine schwarze Höllengruft

Dann ist es zu Ende, dieses *Mords-Verhör*
Man schickt sie in die Zelle
Und das fällt so ungeheuer schwer
Ja, die Polizistin sah ihr tief ins Angesicht
Hat sie wohl verstanden
Und sie weinte
Und mehr war da nicht

Hollywood im Blut

Was war´s für ein schöner Morgen
Sunny lief durch Hollywood
Keine Ängste, keine Sorgen
Nur ein wunderschöner Morgen
Jener Sonntag schien so gut

Froh sprang Sunny durch die Straßen
Dachte wohl an gar nichts heut
Konnt von Liedern auch nicht lassen
Trällerte durch breite Straßen
Hollywood in bester Freud

Plötzlich dunkelte der Himmel
Drachen flogen in die Stadt
Überall dies Schreck-Gewimmel
Dunkel ward der blaue Himmel
Monster spuckten Feuer satt

Menschen rannten um ihr Leben
Flohen vor dem Ungemach
Niemand wollt zum Himmel sehen,
wo die Drachen flogen eben
Feuer hielt die Stadt in Schach

Schon brach manches Haus zusammen
unter all dem Monsterkrieg
Sunnys Schule stand in Flammen
Schüler, Lehrer, alle rannten,
weil schon bald nichts übrigblieb

Plötzlich, da, die Silberwolke
Sunnys Papa kam geschwind
Rettete das ganze Volke
Tötete die Monsterwolke
So erleichtert Mensch und Kind

Allen Drachen, die noch zischten,
schlug manch´ Kopf der Sunny ab
Nichts mehr konnten sie vernichten
Nichts mehr konnten sie entrichten
Und das Meer ward schnell ihr Grab

Da zog Ruhe ein und Frieden
in die Seel´ und in die Stadt
Alle wollten Sunny lieben,
der gebracht die Ruh, den Frieden,
der gekämpft so stark, so hart

Sunny, jener Held der Zeiten,
zeigte wirklich Stolz und Mut
Doch er wollt bescheiden bleiben,
Abenteuer stets bestreiten
Er hat Hollywood im Blut

Chancen

Chancen ziehn an mir vorbei
Hör so manches große Wort
Vieles scheint jetzt einerlei
In mir drin ein stummer Schrei
Ich vergeh an jenem Ort

Zeiten sterben vor der Zeit
Mancher Traum war wohl zu groß
Alle Welt ist weit, so weit
Nein, ich hab mich nicht befreit
aus dem kleinmütigen Schoß

Sehnsucht brennt noch immer stark
Doch vergehen wird sie bald
Übrig bleibt nur Magerquark
Alles in mir scheint so karg
Und mir ist es bitterkalt

Seh die Großen, dies geschafft,
die beharrlicher als ich
Dort, wo mancher Dümmling gafft,
wo der Neid zerstört die Kraft,
find ich wohl nie wieder mich

Lachen dringt ans taube Ohr
Und mein Blick wird schwach und leer
Alles in mir schreit im Chor,
weil es längst im Eis erfror
Ach mein Leib ist träg und schwer

Doch dann steh ich wieder auf
Lass die Gaffer, die nur blöd
Geh den schweren Weg hinauf
Ja, es wird ein langer Lauf,
bis die Traurigkeit vergeht

Denn die Chance liegt dicht vor mir
Ich ergreif sie jetzt mit Kraft
Ich bin zäh noch, wie ein Tier
Weiß, dass ich niemals erfrier
Denn am End hab´ ich´s geschafft

Am Berg

Dort oben in den Bergen
bin ich auf meiner Flucht
Mein Leben liegt in Scherben
Ich hab mich selbst gesucht

Wo Grenzen sich verwischen,
wo Sonn und Nebel ziehn,
wo Schnee friert in den Nischen,
dort muss ich aufwärts gehn

Ein Hagel schlägt hernieder,
in mein Gesicht hinein
Und dunkel wird's und trüber
Ich fall auf harten Stein

Verwirrt all die Gedanken
von mir und auch vom Glück
Schon will die Seele kranken,
verderben Stück um Stück

So stärker peitschen Stürme,
vernichten mich am Berg
Egal, ob ich erzürne,
ich bin ein armer Zwerg

Es bebt unter den Füßen,
es bebt in meinem Herz
Ich schmeck den Schnee, den süßen,
und starre himmelwärts

Bis ich im Traum ertrunken
Der rettet mich vorm Tod
Im Berg schon fast versunken,
genährt von Gottes Brot

Ich stürm des Gipfels Spitze
Das hätt ich nie geglaubt
Nackt, ohne Hemd und Mütze,
hab´ ich dem Berg vertraut

Träume

Manchmal wollt´ ich auch so sein:
Reich und vornehm immer
Auch mal wie ein dummes Schwein
Manchmal möcht ich auch so sein:
Immer ein Gewinner

In der Bank mal dicketun
Mit Millionen schieben
Immer in ganz teuren Schuhn
Vor den Leuten dicketun
Eine Jacht im Süden

Achtzehn Häuser auf dem Kiez
Prassen von den Mieten
Schampus und manch´ schlechten Witz,
wilde Nächte auf dem Kiez,
alle Damen lieben

Ach, ein Rolls wär wunderschön,
den würd ich mir kaufen
Und zum Zahnarzt würd ich gehn
Teure Zähne – wär das schön
„Graf" würd ich mich taufen

Ja, ein Grundstück auf Hawaii,
wär das nicht ein Träumchen
Swimmingpool wär auch dabei,
dort, im Grundstück auf Hawaii
Tausend Mandelbäumchen

Manchmal wollt´ ich schon so sein,
endlich richtig leben
Mit ´nem Anzug, schön und fein,
einfach jemand anders sein
Übern Kudamm schweben

Und ich schau zur Straße hin,
auf das bunte Treiben
Wo nur liegt des Lebens Sinn
Plötzlich weiß ich ganz tief drin:
Ich will Ich stets bleiben

Spiegelbild

Viel Lebenszeit schlägt durch mein Hirn
Sie wiegt so schwer, wird dunkel auch
Ich wisch den Schweiß mir von der Stirn
Mein Blick wie Eis, wie kalter Firn
Vorm Spiegel mit zu dickem Bauch

Ich such etwas und starr mich an
Was kann es sein, dass ich da such
Vielleicht den kühlen Supermann
Vielleicht den Typ, der nie gewann
Vielleicht der Prinz vom Märchenbuch

Es riecht nach Aftershave, nach Creme
Wieso brauch ich nur solch ein Zeug
Vielleicht war´s Leben zu bequem
Ich starr mich an und ächz und stöhn
Ein Spiegelbild der Einfalt heut

Wieso bin ich noch immer hier
Die Uhr zeigt doch erst: nachts um 10
Im Clubraum wartet reichlich Bier
Ich geh schnell hin und nehm es mir
Vielleicht sollt ich jetzt einfach gehn

Noch bleib ich, schweig mich weiter an
Schon bald zwackt Müdigkeit im Leib
Wie war das mit dem Supermann,
mit jenem Typ, der nie gewann
Wieso schon schlafen vor der Zeit

Zieh schnell die Lederjacke an,
und mach mich auf zur Bar, zur Nacht
Manchmal vielleicht doch Supermann
Vielleicht ein Typ, der mal gewann,
der selten weint und öfter lacht

Die Straßen glitzern feucht und kalt
Jetzt Frauen, Partys fürs Gemüt
In dieser Nacht werd ich sehr alt
Ja, ich bin ich
So ist es halt
Mein Spiegel längst in Scherben liegt

Tim

Tim wollte fliegen, hoch hinaus,
in einen Himmel, der so blau
Doch schien er klein, wie eine Maus
Da gab's kein Fliegen, hoch hinaus
Er war auch nicht sehr klug und schlau

Ein Fremder kam da in die Stadt
Versprach ihm Geld und Haus und Hof
Versprach, was niemand sonst wohl hat
Es kam ein Fremder in die Stadt
Ganz plötzlich blieb Tim nicht mehr doof

Ein neues Leben so begann,
mit schönem Haus und sehr viel Geld
Doch war's nicht Tim, der flott gewann
Ein fremder Mann gewann sodann
Ein reicher Kerl aus großer Welt

Tim spürte diesen Missbrauch nicht
Er tat fast alles für sein Geld
Verspielte Haus – und sein Gesicht
Er sah den bösen Missbrauch nicht
Vergaß, was für ihn einst gezählt

Als endlich er den Trug bemerkt,
war jener Fremde lang schon fort
War längst geflohen, frisch gestärkt
Er stahl sich fort, ganz unbemerkt
Tim blieb zurück am schlimmen Ort

Denn Haus und Geld gab es nicht mehr
Zerplatzt manch´ Traum von größter Gier
Es blieb ein Riesen-Schuldenmeer
Tims Tage starben öd und leer,
verloren sich in Schnaps und Bier

Nun wusste er, dass er sehr dumm,
dass er geglaubt den ganzen Mist
Der Alkohol bracht ihn fast um
Er fühlte sich so schwach, so dumm,
dort, wo das Glück nur selten ist

An einem Tag, als Regen fiel,
da ging er fort aus jenem Land
Er hatte wohl kein rechtes Ziel
Am End blieb nur ein falsches Spiel
Am End ein Nichts, ganz unbekannt

Heut ist die Gegend einsam nur
Tim ist vielleicht längst nirgendwo
Verweht, verwaschen seine Spur
War er nun dumm, zu schlau doch nur
Ist dieses Land doch irgendwo

An einen Soldaten

Was hattest du von deinem Leben
Du zogst in einen Krieg, als Held
Du wolltest deiner Heimat geben
Und kämpftest für ein besseres Leben
Doch fielst du bald im tristen Feld

Man hat dir so viel eingeredet:
Von Stolz, von Großmut und von Hass
Das Schlachtfeld Heut längst eingeebnet
Und mancher starb, der auch gebetet,
fern von den Reden, fern vom Spaß

Da draußen, mit dem Feind vorm Auge,
warst du allein, und einsam auch
Als mal ein Kriegsreporter schaute,
da lagst vorm Feind du Aug in Auge,
und hast getroffen ihn im Bauch

So flogen pfeifend die Granaten
Du hast an Mutter nur gedacht,
und ihr geschrieben, wohlgeraten:
Komm sorg dich nicht, stell keine Fragen,
und wein bloß nicht von Tag bis Nacht

Egal, ob Schnee, ob Hagel, Regen –
im Kriegsgetös spürts keiner mehr
Da zielten Bomben über Wegen,
die brachten Tod und nahmen Leben
So mancher Wunsch verhallte leer

Und als dein Freund vom Tod getroffen,
er einfach umfiel, einfach so,
hast du den letzten Schnaps gesoffen
Du konntest kaum noch weinen, hoffen
Die Heimat brannte lichterloh

Du sahst dem Teufel in die Augen,
als starb dein Freund, und auch dein Feind
Vom Himmel fieln die Friedenstauben,
als du verloren deinen Glauben
Von Gott hast du nicht mehr geträumt

Auf deinen Gegner noch zehn Schüsse,
auf das, was vor dir auf dich zielt
Und in Gedanken tausend Küsse,
für Mutter, Frau - die letzten Grüße
Das war´s, was dich am Leben hielt

Am End blieb dir nur Krieg, das Sterben,
ein Knall und ein Granatenloch
Dein junges Leben fiel in Scherben
Du konntest auch nichts mehr vererben,
nur einen Schützengraben noch

Hast deinen Hintern hingehalten
Hast deine Zeit im Krieg vertan
So manche deiner Zornesfalten,
hast bis zum Tode du behalten
Am Krieg kaut man ein Leben lang

Hast schon gezählt die Todesschreie,
der Kameraden um dich rum
Die brüllten einst von deutscher Schläue,
die riefen dann nach Mutter – Reue
Du weintest leis und bliebst nur stumm

Was hattest du von diesem Leben,
als Erde fiel auf deinen Leib
Als du verschollen, ohne Segen,
im Schlachtfeld bliebst, das traf fast jeden;
was blieb dir da von deiner Zeit

10

Die Antwort wird nie jemand wissen
Du starbst, damit jetzt Frieden ist
Nur deine Mutter kann es wissen
Sie hört nie auf, dich zu vermissen,
weil du ein Sohn der Liebe bist

Phoenix

Traf Dich in der großen Stadt
Dort in Phoenix, irgendwo
Dort, wo keiner Namen hat
Irgendwo in dieser Stadt
Fragt´ ich Dich ganz einfach so

Dein Gesicht, Dein blondes Haar
Und Dein Lachen, sonderbar
Alles war wies niemals war
Wie Dein Lachen unterm Haar
Wollte bleiben, völlig klar

Ach, wir tanzten durch den Tag
Durch die wundervolle Stadt
Dort, wo keiner Namen hat
Sangen wir durch diese Stadt
Und wir stellten keine Frag

Irgendwann der erste Kuss
Blondes Mädchen, irgendwo
Niemand dachte an den Schluss
Dort in Phoenix dieser Kuss
Und wir waren glücklich, froh

Da, im Radio, dieser Song
Deine Stimme war´s, ein Traum
Phoenix, Du, nun komm doch schon
Oh mein Gott, was für ein Song
Und wir kannten uns doch kaum

Doch mein Herz schlug anderswo
Wollt nach Westen weiter ziehn
Ja, wir waren glücklich, froh
Blondes Mädchen irgendwo
Du warst unbeschreiblich schön

Eines Tags, da spürte ich
Dieses Fernweh nach Asphalt
Wusste doch, ich liebe Dich
Doch es schien absonderlich
Phoenix macht mich nicht mehr alt

Lächelnd nahm ich Deine Hand
Küste Deine Tränen fort
Als mein Pickup dann verschwand
Winktest Du mit schwerer Hand
Und bliebst stehn noch lang am Ort

Phoenix lag lang hinter mir
Musst´ nach Westen weiter ziehn
Irgendwann, so gegen Vier
Schrieb ´ne SMS ich Dir
Willst Du denn nicht mit mir gehn

Doch du schwiegst, mein Phone blieb stumm
Und ich war schon weit, so weit
Dachte schon, Du nimmst mirs krumm
Diese Trennung, die so dumm
Lang vorbei schien unsere Zeit

Da, im Radio, dieser Song
Diese Stimme, das warst Du
Riefst nach mir, nun komm doch schon
Oh mein Gott, was für ein Song
Und vorbei war´s mit der Ruh

Wendete den Wagen schnell
Fuhr zu Dir, mein Phoenix-Star
Jene Stund war hell, so hell
Fuhr zu Dir, nach Phoenix schnell
Plötzlich schien das Leben klar

Irgendwo am Straßenrand
Standst Du noch und winktest mir
Habe Dich sofort erkannt
Tränenschwer am Straßenrand
Jetzt bleib ich für immer Dir

Traf Dich in der großen Stadt
Dort in Phoenix, irgendwo
Wo das Glück ´nen Namen hat
Dort in dieser Riesenstadt
Wurden wir gemeinsam froh

Und der Westen blieb nicht fern
Nach Los Angeles wir zwei
Blondes Mädchen, Du mein Stern
Hollywood war nicht mehr fern
Phoenix machte uns so frei

Immer auf der langen Fahrt
Mal nach West und mal nach Süd
Unsre Herzen blieben stark
Wir zwei auf der großen Fahrt
Weil ich Dich für ewig lieb

Dort in San Diego

Werden wir uns wiedersehn
Dort in San Diego
Da am Strand
Werden wir uns noch verstehn
Wenn die Winde stärker wehn
Dort in San Diego
Im Ufer-Sand

Werden wir zusammen sein
Dort in San Diego
Da im Glück
Werden wir ein Paar dann sein
Bleiben wir dann doch allein
Dort in San Diego
Nur ein Stück

Ja, ich weiß, es wird so sein
Dort in San Diego
Da am Strand
Keiner bleibt mehr lang allein
Ja, wir werden glücklich sein
Dort in San Diego
Wo ich dich fand

Düsternis

Düster sind die Straßen heut
Feucht zieht Nebel durch dies Land
Nirgends Menschen, keine Leut
Wenig Hoffnung, keine Freud
Auf der Stirn mein´ kalte Hand

Leise schleich ich durch die Zeit,
durch die Welt, die mir so fremd
Nirgends Menschen, nirgends Leut
Und der Tag ist noch so weit
Auf mir klebt das dünne Hemd

Da, ein Blitz, ein Donnerschlag
hellt die Nacht, die Hölle auf
Noch so weit der neue Tag
Geister flüstern unverzagt
Und ich flieh in schnellem Lauf

Doch die Schritte, die ich tu,
sind wie nichts, ich bleib am Ort
Tief in mir ist keine Ruh
Viel zu eng die alten Schuh
Und man hört kein Schrei, kein Wort

Schweißgebadet wach ich auf
Immer noch ist´s trüb und kalt
Doch da ist kein Geist, kein Lauf
Und ich atme wieder auf
Es war nur ein schlimmer Alb

Gewitter

Der Himmel graut,
 und ich habe mich in mich zurückgezogen,
ins Haus am See, wo keiner ist,
nur immer wieder ich
Die Stadt ist fern,
ich bin vor Wochen einfach weggezogen
Ein Sturm beginnt, der See ertrinkt
in monsterhohen Wogen
Und plötzlich regnets überm weiten Lande
wirklich fürchterlich

Ich schau hinaus
zum dichten grünen Wald hinüber
Mein Haus liegt ruhig so etwa mittendrin
Mein Kopf schmerzt arg,
hab ich am End gar hohes Fieber
Vielleicht sing ich mir einfach
zwei, drei Liebeslieder
Doch irgendwie
seh ich darin wohl keinen echten Sinn

Der Sturm biegt um die Büsche
und die vielen starken Bäume
Mein See schäumt wilde,
und mir wird's schon ziemlich kalt
Mir flammen auf die allerschlimmsten wilden
Horror-Träume
Plötzlich bricht um der Sturm am Haus
die wackeligen Zäune
Und dichter Hagel schlägt auf Haus,
auf See und auf den Hexenwald

Besorgt starr ich zum Dach
Ob es wohl jetzt noch standhält
Es knistert recht
und mir wird's mächtig Angst dabei
Ich spür es schon,
wie sich das schlechte Wetter ranhält
Bleibt mir das Haus,
was, wenn es doch nicht standhält
Ach, nur hier draußen fühl ich mich wirklich
richtig gut und frei

Ein heftig' Blitz schlägt
in den schäumend düstern See hernieder
Ein Donnerschlag,
laut kracht's vom Himmel in mich rein
Es dröhnt und grollt,
ich find mich nicht mehr wieder
Und draußen knickt mein lieblich weißer Flieder
Verschreckt
trink ich ein Viertel volles Gläschen Sommerwein

Kein Mensch zu sehn, nur dieser See,
der schäumt um dies Gebäude
Ich brauch die Einsamkeit, vielleicht manchmal
auch einen lauten Donnerschlag
Doch bringt der schwarze Himmel heute Abend
wenig Frohsinn oder Freude
An manches schlimme Wetter
denk ich mit Schaudern heute
Doch kam (zurück) dann irgendwann
die warme Sonne in den neuen Tag

Der Himmel blaut,
das Übel scheint wohl endlich abgezogen
Schnell zieht das Gewitter fort
und es hagelt endlich auch nicht mehr
So mancher Alb und auch der Sturm
sind einfach weg – davongeflogen
Und auch mein See liegt still,
geglättet sind die ehrlich-blauen Wogen
Und irgendwie ist´s mir ums Herze
auch nicht mehr so schwer

Weg

Hoffen auf die nächsten Jahre,
die sich ziehen durch dein Herz
Hoffen auf so manche Tage
Deine Träume sind kein Scherz

Durch manch tiefes Tal auch gehen
Und am Gipfel ganz laut schrein
Schnell ins Tal noch einmal sehen
Auf dem Berg bist du allein

Einen guten Freund gewinnen,
und verlieren irgendwann
Viele neue Pläne spinnen
Immer weiterkämpfen dann

Tränen, die dich mürbemachen
Willst doch sagen: *Ich hab Glück*
Willst so gerne drüber lachen
Doch so oft geht's nur zurück

Bleibst trotzdem auf deinem Wege
Gehst ihn gut und manchmal schlecht
Bist oft schnell und öfter träge
Bist mal fair, mal ungerecht

Doch die Frage bleibt stets offen:
Komm ich mal am Ziele an
Wirst wohl immer darauf hoffen,
denn auch du bist einmal dran

Und so hoffst du auf die Jahre,
auf dein Leben, das dich hält
Hoffst auf gute, frohe Jahre
Hoffst auf Frieden in der Welt

Singen

Hollywood im schönsten Traum
Weiße Federn überall
Senken sich auf Strauch, Wies, Baum
Hollywood in schönstem Traum
Zarte Grüße aus dem All

Sunny springt froh durch die Stadt
Nette Menschen überall
Dort, wo jeder Wünsche hat,
singt ein Junge durch die Stadt
Lieder kennt er ohne Zahl

Und er nimmt die Federn schnell
Jede birgt ein Wunsch in sich
Dieser Tag, der warm und hell,
bringt so viele Federn schnell
Und manch´ Wunsch wohl sicherlich

Jedem er ´ne Feder schenkt
Von manch Liedern gibt's ein Stück
Weil an jeden Mensch er denkt,
jedem er solch Federn schenkt
Ja, für jeden dieses Glück

Plötzlich singen alle, ach,
so wie er mit Lust und Sinn
Niemand denkt mehr lange nach
Alle singen froh und wach:
Hollywood ist wunderschön

11

Erinnerungen

Erinnerungen sind in mir
Sind so alt und neu zugleich
Sind so gegenwärtig hier
Erinnerungen tief in mir
Machen stark und reich – *vielleicht*

Erinnerungen an manch´ Glück
An so manches Stückchen Zeit
Sind von mir ein großes Stück
Sind mal schwer und oft doch Glück
Sind oft das, was übrigbleibt

Erinnerungen auch an mich
An so viele Menschen hier
Sind voll Hoffnung sicherlich
Traum von neuem hoffentlich
Sind so tief und fest in mir

Alb

Nacht ist's nun geworden,
Und die Wolken ziehn
Wieder mal gestorben
Kalter Wind von Norden
Albträume erblühn

Hin und her gerissen
Seeleneinerlei
Innerlich zerrissen
Ist da noch Gewissen
Nichts ist da noch frei

Immerzu vergessen
Stirbst im Nebelmeer
Wie von Hass besessen
Immer noch versessen
Nach manch' Tränenmeer

Mondlos jene Stunden
Und der Satan lacht
Schmerzhaft klaffen Wunden
Wollen nicht gesunden
In der zähen Nacht

Darfst nicht dran zerbrechen
Träume sterben schnell
Darfst dich auch nicht rächen
Zahl die hohen Zechen
Irgendwann wird's hell

Einsam stirbt manch´ Seele
Ganz allein für sich
Rau die trockne Kehle
Leise die Befehle
Ängste fürchterlich

Hoffe auf den Morgen
Der kommt ganz bestimmt
Fort mit allen Sorgen
Lass den Sturm im Norden
Lache wie ein Kind

Lied

1.

Wirf dein altes Leben weg
Wirf es zu den alten Zeiten
Du bist reich und bist kein Dreck
Wirf dein altes Leben weg
Wirst sonst in der Scheiße bleiben
Wirf die alten Lieben weg
Sie sind alte Flaschen nur
Sind wie Scherben, wie ein Fleck
Wirf die alten Lieben weg
Sei nicht blöd und sei nicht stur
(RF)

2.

Du bist stark, so wie ein Bär
Du bist reich und liebst das Geld
Nehm es leicht und nicht mehr schwer
Du bist stark wien Grizzlybär
Und du liebst die große Welt
Teure Autos, Marken-Chic
Alles liebst du wie dich selbst
Machst Geschäfte mit manch´ Trick
Gier nach Geld und Gier nach Glück
Weil du gern im Reichtum schwelgst
(RF)

12

3.

Box dich durch und schlag die Bösen,
wenn die Dummheit in dich kriecht
Musst den Knoten endlich lösen
Schlag die Dummen und die Bösen
Weil es sonst nach „Loser" riecht
Denn du kommst aus Schlamm und Gosse
Freunde gab es selten dort
Niemand saß auf hohem Rosse,
weil du kommst aus Dreck und Gosse
Freiheit ist ein großes Wort
(RF)

4.

Und im Knast, mit Fäusten, Schlägen
sicherst du dich ab voll Wut
In der Nacht, der dunklen trägen,
dort im Knast, mit Fäusten, Schlägen
gibt's nur Hass und Lug und Trug
Klaust dir Weiber, klaust dir Liebe
Doch all das bleibt nicht bei dir
Übrig bleibt nur eine Lüge
Und im Knast gibt's keine Liebe
Und du fühlst dich wie ein Tier
(RF)

Refrain/RF:

Laufe immer weiter, weiter
Renne durch die weite Welt
Manches ist nicht froh, nicht heiter
Laufe, renne immer weiter
Pfeif auf Stillstand, auf das Geld
Schrei nach Liebe, schrei nach Leben
Schrei nach allem, was du suchst
Kiff und sauf nicht schön dein Leben
Weil du sonst den Tag verfluchst
Laufe, laufe immer weiter
So nur kommst du einmal an
Manches ist nicht gut, nicht heiter
Lauf und hoffe immer weiter
Denn du bist ein Supermann

Was

Was soll ich tun, spürs immer wieder
Wenn meine Augen blind vom Weinen,
dann will ich doch noch weiter reimen
Es sind die schönen alten Lieder

Erinnerungen an die Lieben,
an jene fernen schönen Zeiten
Die sollten wohl für ewig bleiben
Sie sind so tief in mir geblieben

Wie alte Bilder ziehn sie weiter
durch Herz und Seele und die Träume
Dass ich von alldem nichts versäume
Verfärben sie mein Leben heiter

Was soll ich tun, spürs wohl für immer
Wenn meine Augen nur noch weinen,
dann muss ich immer weiter reimen
Ach, es wird alle Jahre schlimmer

Sommer

Sommerzeiten an der Küste
Weckt in mir manch Lecker-Lüste
Lieg am Strand auf meiner Liege
Atme dich und atme Liebe
Dort an jener blauen Küste
  Und die Sonne wärmt die Seele
  Schampus rinnt mir durch die Kehle
  Tanzen bis zum nächsten Morgen
  Nichts bleibt da wohl mehr verborgen
  Weil ich auf die Liebe zähle
  Weil ich mir die Freiheit stehle

Und ich küss dich jede Stunde
Auf der Insel an der Küste
Abends dann in froher Runde
Leben wir jede Sekunde
Dort an dieser heißen Küste
  Und die Sonne wärmt die Seele
  Schampus rinnt mir durch die Kehle
  Feiern bis zum nächsten Morgen
  Nein, kein Wunsch bleibt mehr verborgen
  Weil ich auf die Liebe zähle
  Weil ich mir die Freiheit stehle

Sommerzeiten, Sommerlieben
Nur mit dir so manch´ Gelüste
Wär am Strande gern geblieben
Endlos Party – endlos lieben
Hier am Strand, der wilden Küste

 Und die Sonne wärmt die Seele
 Schampus rinnt mir durch die Kehle
 Feiern bis zum Morgengrauen
 Niemals mehr nach Gestern schauen
 Weil ich auf die Liebe zähle
 Weil ich mir die Freiheit stehle

Gedanke

Anders sind die Zeiten jetzt
Hab so viel und fühl mich gut
Glücklich, reich und unverletzt
Hab zum Leben richtig Mut

Zwanzig Autos nur für mich
Zwölf Millionen für mein Haus
Und ein Jet im Sonnenlicht
Eine Gold-Uhr noch zum Schmaus

Ach, ich schreit im Hermelin
über Marmortreppen auf
Nach manch´ Schampus steht der Sinn,
und nach manchem Grundstückskauf

Die Millionen machen schön,
bringen Mädchen ohne Zahl
Niemals mehr im Schatten stehn
Und mein Blick ist hart wie Stahl

Eines Tages doch ganz spät
pocht ein Schmerz im Kopf so stark
Will, dass er ganz schnell vergeht
Doch er bleibt recht unverzagt

Und schon bald weiß ich genau,
dass ich nicht mehr lange leb
Bei der Nachricht wird's mir flau
Ob der Tumor doch vergeht

Plötzlich wird die Welt so klein
Aller Reichtum schwindet schnell
Ach, ich will gesund nur sein
Dass die Tage wieder hell

Doch mein Glück kommt nimmermehr
Zwei, drei Wochen noch, dann Schluss
Bettelarm und tränenschwer
bleibt vom Glück mir Leid, Verdruss

Nur mein Hermelin hüllt treu
Angst und Krankheit in sich ein
Meine Villa, die noch neu,
lässt vom Reichtum wenig Schein

Was bleibt mir von allem Ruhm,
von dem Gold und allem Schatz
Balde werd ich ewig ruhn
unterm Baum, wo piepst ein Spatz

Alles fliegt davon, weit fort
Ein Stück Leben übrig bleibt
Dieser einstmals schöne Ort
schwimmt dahin am Rand der Zeit

Anders sind die Zeiten jetzt
Hab drei Wochen Leben nur
Ja, ich leb sie bis zuletzt
Ohne Geld und goldene Uhr

Eines Tages

Eines Tages wird es regnen
über Feldern, Wies und Wald
Werd ich dir dann noch begegnen
Wird es stürmen oder regnen
Werd ich jung sein oder alt

Als ich einst so jung an Jahren
dachte ich nicht an Verlust
Als jedoch ich arm an Haaren
und die Knochen mürb schon waren,
wurde mir sehr viel bewusst

Doch die Einsamkeiten kamen
über mich und meinen Tag
Wollt in alten Fotos kramen,
manchmal sprechen auch ein „Amen"
Jenseits sein von Klag und Frag

Ja, mein Spiegelbild ward älter,
trägt wohl Leben tief in sich
Auch im Garten ist's jetzt kälter
Schnee fällt auf die kahlen Felder
Schnell ist Winter rund um mich

Ach, dies Land kennt keine Gnade,
will verändern sich schon bald
Manch ein Bach fließt nicht mehr gerade
Und um manches Reh ist's schade,
weil so manche Büchse knallt

Und ich zähle meine Stunden,
fühl als Kind mich und als Greis
Tief im Kopfe klaffen Wunden
Hab mein Glück noch nicht gefunden
Und die Partys werden leis

Darum hoff ich auf den Regen,
der das Alte wäscht dahin
Werd dir irgendwann begegnen
Werde dir die Wege ebnen
Ich nun kenn den Lebenssinn

Danach

So stille ist's, so friedlich still
Die Sonne geht, die Nacht beginnt
Sie geht allein, so, wie sie will
Es ist so friedlich und so still
Und leise säuselt nur der Wind

Sie sollt daheim wohl lang schon sein
Bei Mann und Sohn, die warten doch
Sie aber geht für sich allein,
trinkt Schluck für Schluck vom Fläschchen Wein
Und hofft so vieles immer noch

Es ist am Krankenhaus der Park,
in welchem sie nur einfach geht
Den ganzen Tag so stark, so stark
Und jetzt allein im Klinikpark
Für Therapien ist's längst zu spät

Man sagte ihr: Mehr geht nicht mehr
Austherapiert Ganz nah dem Tod
Doch scheint ihr Blick, ihr Herz nicht leer
Selbst ihre Seele wiegt nicht schwer,
weil wohl schon bald das Ende droht

So setzt sie sich auf eine Bank,
die unterm Lindenbaume ist
Sie fühlt sich gut und gar nicht krank
Sie möcht auch bleiben hier im Land
Sie will, dass man sie nicht vermisst

Und doch schwingt da – sie weiß nicht, was –
durch ihren Leib und durch ihr *Ich*
Mit ihrem Sohn den schönsten Spaß,
und mit dem Manne sonst etwas
Das wollt sie gern und inniglich

Ein Lächeln huscht ihr ins Gesicht
In ihrem kahlen Kopf ein Lied:
„Ach ihr, Familie, weint jetzt nicht
Ich bin noch da, bin noch im Licht
Ich lebe noch und hab euch lieb"

Sie wischt die Tränen sich vom Aug
und starrt hinein in jene Nacht
Dies Dunkel um sie ist nicht laut
Ist Sterben wirklich so vertraut
Wie ist´s, wenn keine Sonn mehr lacht

Und plötzlich wird ihr leicht und gut
Und sie geht heim zu Sohn und Mann
Sie hat ein Ziel noch, das macht Mut
Im Herzen rauscht noch immer Blut
Ein jeder stirbt mal irgendwann

Vorm Hause bleibt sie nochmal stehn
und schaut durchs Fenster lang hinein
Die beiden werden es verstehn
Sie weiß es Ja, sie wird bald gehn
Und schüttet weg den letzten Wein

Spielplatz

Ein Kinderspielplatz irgendwo
Es spielten Kinder glücklich, froh
Vom Himmel lachte Sonnenschein
und ließ die Kinder fröhlich sein

Doch eines Tags war's still und trüb
Ein Kind nicht kam, wo es nur blieb
Man suchte es an jedem Ort
Doch blieb dies Kind sehr lange fort

Am nächsten Tag fand man das Kind
Ach, es lag tot im Sommerwind
Ein Trauersang zog durch die Stadt,
die ihre Seel verloren hat

Der Mörder selbst war ziemlich jung
Familienvater, auch nicht dumm
Warum nur hatte er's getan
Man schaute schweigend sich nur an

Der kleine Junge spielte brav
auf jenem Spielplatz, wo man's darf
Er war so glücklich und so froh,
und hat geliebt die Eltern so

Jetzt liegt nur Trauer überm Platz
Und einsam piepst ein kleiner Spatz
Wohl möcht er fragen: *Was ist los*
Wo bleibt der kleine Junge bloß

Er kommt nun nimmermehr hierher
So manches Wort wiegt tränenschwer
Einst war´s ein Spielplatz irgendwo,
auf dem die Kinder glücklich, froh

Abgesang

So anders sind die Tage
Sie sind so sonnig schön
Sind klar und gar nicht vage
Ich sollt mit ihnen gehn

So anders sind die Stunden
Ich leb sie jetzt und neu
Zähl nicht mehr meine Wunden,
weil ich mich wieder freu

So anders sind die Träume
Ich schlafe gut und froh
Seh Welten, Meere, Bäume
Lieg müd im weichen Stroh

So anders sind die Zeiten
Hab Hoffnung jetzt ein Stück
Es sollt so ewig bleiben
Ich spür es, dieses Glück

Blizzard

Schwer sind die Schritte, schwer die Sinne
Ein Sturm fegt über Wies und Feld
Was ich auch immer tu und spinne
Verworren das, was ich gewinne
Kein Sommer mehr, der ewig hält

Ich stapf durch hohe weiße Dünen
Am Horizont ist nichts zu sehn
Ich träum von Wiesen, ach, so grünen
Von sommerlichen summend Bienen
Und bleib doch hin und wieder stehn

Ein Echo hallt um meine Ohren
Wer ist´s, der mich hier lautstark ruft
Wohl scheint mein ganzer Kopf gefroren
Ich fühl mich schlecht und so verloren
in meiner dicken Winterkluft

Doch ist da niemand, nur mein Schatten
Verweht vom Sturm, schon nicht mehr da
Und hinter mir so drei vier Ratten,
die wohl wie ich auch keinen hatten,
die mich gerufen, ziemlich klar

So zieh ich weiter durch die Steppe
Der Blizzard ist so stark wie nie
Auf meiner Brust die Jesuskette
Und hinter mir die weiße Schleppe
Es schmerzt der Kopf, der Leib, das Knie

Kein Haus, kein Hof, nur tiefes Schweigen
Die Macht des Sturms wirft mich zurück
So gern würd ich mir selbst was zeigen
Vielleicht mich auch vor Gott verneigen
Jedoch gibt's hier davon kein Stück

Verbotene Ängste in mir schütteln
Der Waldesrand scheint noch so weit
Wohl will der Sturm mich niederknüppeln
Vereiste Fäuste an mir rütteln
Und ich bin gar nicht mehr gescheit

Im Schweiße jener Fieberträume
zerbröselt alle Hoffnung schon
Da, dieser Wald, die lila Bäume
Ich schrei, dass ich sie nicht versäume
Erreich sie nicht, was für ein Hohn

Ich lieg im Schnee, verweht die Spuren,
die ich gesetzt vor kurzem noch
Der Blizzard streicht wie tausend Huren
hart über mich – es stehn die Uhren
Ich fall und fall ins tiefste Loch

Und bin schon wieder fortgegangen
Nur immer weiter geradeaus
Ob da was Neues angefangen
Verklärtes Bild längst abgehangen
Im Schneesturm endets wie ein Graus

Am zugefrorenen Teich des Todes
halt ich kurz an und denke nach
Verspeis den Rest des harten Brotes
Die Kälte nagt, ist gar nichts Frohes,
hält mich am Orte schwer in Schach

Doch weiter geht die weite Reise
Der Blizzard treibt mich arg voran
Ein Klagelied, mal laut mal leise
Ich träum von mancher Frühlingsweise
Und ziehe weiter, halt nicht an

Verwirrte Träume drohen behände
Die Nacht bricht in den schweren Sturm
Ins Leere greifen meine Hände
Hoff, dass die Kraft ich nicht verschwände
Und gleiche einem Regenwurm

Und bin schon wieder fortgegangen
Durch Schnee und Eis, mein Lebensweg
Für immer in manch Traum gefangen
Den Blizzard dennoch durchgestanden
Zieh hin, wo meine Sonne steht

Letzte Reise

Seniorenheim am Rand der Stadt
Dort lebte er allein mit sich
Wo jeder alt ist, wenig hat,
wuchs Einsamkeit gar fürchterlich

Besuche gab's schon lang nicht mehr
Der Sohn kassierte nur das Geld
Sein Blick, die Tage – öd und leer
Nichts kostet mehr die Welt

Die Eiche hinterm Heim war alt,
gab Schatten einer kleinen Bank
Selbst, wenn's im Winter rau und kalt,
saß er dort jeden Abend lang

Und träumte von so manchem Stern,
vom Nordpol und vom Bär im Eis
Er wusste, all das lag so fern
im Nebel, der da zog ganz leis

S' war jeden Tag der gleiche Trott:
Der Morgen glich dem Abend schon
Zum Mittessen lief er flott
Vielleicht kam später doch der Sohn

Doch als es nachmittags um 4
bliebs einsam wieder, keiner kam
Das Telefon nur schellte hier
Sein Sohn entschuldigte die Scham

Am Abend ein zwei Schnitten wohl
Die würgten trocken ihm im Hals
Der Tag verschwamm so müd und hohl
Noch lange fernsehn, besser als …

… die Angst vorm Schlafen, vor dem Tod
Die kroch fast jede Nacht durch ihn
Sehr oft war irgendwer in Not
Und mancher starb dort so dahin

Doch eines nachts, da spürte er
so ein Gefühl, unglaublich stark
Sein Herz, die Knochen – *nichts schien schwer*
Kein Schleier auf der Seele lag

Er fühlte sich so frei und gut
und packte ein paar Sachen ein
Da war nicht Trauer oder Wut
Er wollte nur woanders sein

Ganz heimlich schlich er sich davon,
aus jenem Heim am Rand der Stadt
Er pfiff auf Einsamkeit und Sohn
Nahm das, was er sich einst erspart

Mit Bus und Bahn und Boot sodann
ging's in die Ferne, nordwärts nur
Er war zwar alt, doch auch ein Mann,
und manchmal wohl auch ziemlich stur

Im Heim zu sterben, fern vom Glück,
so wie die andern, wollt er nie
Noch was vom Leben, nur ein Stück
Ob ihm der liebe Gott verzieh

Ihm war´s egal, er wollt nur weg
Zum Nordpol hin, zu seinem Traum
Er wollt zu diesem Eisesfleck,
wie er geträumt am Eichenbaum

Und irgendwann, am zehnten Tag,
kam er dort an, im weiten Eis
Nein, niemand stellte mehr die Frag:
Ob er noch wüsste, was er weiß

Tief atmete er ein
So lieblich schmeckte all die Luft
Fast wie ein leichter Sommerwein
Fast wie ein Engelchen, das ruft

Und er lief weiter geradeaus
So manchen Bären sah er auch
Hier gab es weder Mann noch Haus
Nur seinen hungrig satten Bauch

Auf einmal blieb er einfach stehn
Weit vor ihm winkte eine Frau
Wer sollte wohl dies Bild verstehn
Sogar der Nordwind wehte lau

Da rannen Tränen ihm herab,
als er die Frau vor sich erkannt
S´ war seine Liebste aus dem Grab
Sie war in seinem Zauberland

So glücklich diese beiden, ach
Sie küssten sich – *ein Tanz im Schnee*
Und unterm bunten Nordlichtdach
tat nicht einmal die Kälte weh

Alsbald nahm sie ihn an die Hand
und schwebte mit ihm fort, weit fort
Und seine Spur schon bald verschwand,
verweht im Schnee, am Nordpol dort

Ganz fern im Heim bliebs weiter trist
Ob jemand fragte da nach ihm
Dort gab´s wohl nur die Galgenfrist
Und eine Zeit ganz ohne Sinn

So manches Heim steht irgendwo
Und manche Alten sind dort alt
Sie werden wohl nur selten froh
auf einer Bank, ganz nah beim Wald

Vielleicht jedoch träumt einer dann
vom Nordpol oder Wüstensand
Macht auf den Weg sich irgendwann
zu seinem Traum ins Zauberland

Zeit der Störche

Es war die Zeit der Störche, ach
Sie kehrten heim ins schöne Land
Zu jenem Haus mit rotem Dach,
am dichten Wald, am schmalen Bach
Ein Wind verwehte leis den Sand

Dort lebte sie mit ihrem Sohn
Mit sehr viel Hoffnung, und auch Kraft
Ein Kinderlachen reichte schon
Ihr Kind, für sie der beste Lohn
Ja, auch im Job hat sie geschafft

Die Trennung lag schon lang zurück
Ihr Ehemann zog fort, weit fort
Sie suchte nach dem großen Glück
Wohl kehrt manch´ Traum nie mehr zurück
an diesen einsam schönen Ort

Doch eines Tags in süßer Nacht
da dachte sie sehr lange nach
Sie wollte, dass die Sonne lacht
Nicht immer stark sein, auch mal schwach
Sie lag bis Mitternachte wach

Und zog die schönste Robe an
Fuhr in die Stadt zum Tanz im Schloss
Vielleicht gab´s irgendwo ein Mann,
der einsam auch wie sie sodann
Der lebte nicht auf hohem Ross

Im Walzer drehte sie sich wild
Der Schampus schmeckte wirklich gut
Und Abendduft lag rosig mild
auf ihrer Seele, ungekühlt
Ihr Herze schwamm in heißer Glut

Ein netter Herr im schwarzen Zwirn
hofierte sie, umwarb sie lieb
Der Sekt benebelte ihr Hirn
Der Fremde schien sie zu verwirrn
Ein heißer Kuss zur Soulmusik

In diesem Augenblick entschwand
die Einsamkeit, die Traurigkeit
Sie spürte seine starke Hand
Sie wäre mit ihm weggerannt
Sie spürte: endlich ist's soweit

Der Fremde buchte einen Flug
für sich und sie, die neue Zeit
Nur fort, weit fort mit neuem Mut
Nie wieder Traurigkeit und Wut
Und endlich leben, so befreit

Doch da ertönt ihr Telefon,
durchbrach die Seligkeit, manch' Kuss
Ein schwerer Unfall mit dem Sohn
Sie rasten durch ein Feld von Mohn
Mit Flug und Küssen schien nun Schluss

Er fuhr sie bis zum Krankenhaus
Wie schnell zerbrach doch aller Traum
Wie sah´s mit ihrem Sohne aus
Wieso nur jetzt solch Angst, solch Graus
Verzeihen konnte sie sich´s kaum

Als sie den Kleinen liegen sah,
in seinem Bettchen, schwach und krank,
da wusste sie, was wichtig war
Ganz plötzlich wurde es ihr klar:
Sie liebte Sohn und Haus und Land

Nie wollte sie woandershin
Es lief doch gut, so, wie es lief
Ihr Sohn – der echte Lebenssinn
Es war doch richtig und auch schön
Ganz leis sie seinen Namen rief

Der Fremde lächelte sie an
und ging von ihr – zurück zur Nacht
Er war ein wirklich lieber Mann
Sie schaute ihm lang nach sodann,
und hat doch nicht mehr nachgedacht

Der Wind am offnen Fenster sang
ein Lied von Trauer und von Glück
Sie hielt ganz fest vom Sohn die Hand
Und blieb im Haus, im Storchenland
Und hörte manchmal Soulmusik

Es war die Zeit der Störche, ach
Sie zogen fort ins ferne Land
Es blieb ein Haus mit rotem Dach,
am dichten Wald, am schmalen Bach
Ein Wind verwehte leis den Sand

Nachtmahr

Blitze in der Neujahrsnacht
Dunkle Schatten überall
Hab so lange nachgedacht
Und manch Tod droht über Nacht
Feuerwerk
Revolverknall

Träume, die so schrecklich sind
Atemlos und fern der Zeit
Fremde Welt, ein fremdes Kind
Und es weht ein seltsam′ Wind
Durch manch trübe Nichtigkeit

Nebel wabert übers Meer
Durch mein Herz und meinen Sinn
In mir drin ist′s leicht und schwer
Neujahrsnacht – verrückt und leer
Und mein Leben stirbt dahin

Drift

Fantasie im Silbergrauen
Wieder bricht ein Sonntag an
Möchte ganz neue Schlösser bauen
Spür die Energie sodann

Frischer Wind weht um die Nase
Sonnenlicht strömt in den Tag
Um die Kurve rennt ein Hase
Und ich stell mir manche Frag

Schäfchenwolken schwimmen sachte
übers Himmelszelt dahin
Fern, die Kirchturmuhr schlägt „*Achte*"
Gibt dem Morgen einen Sinn

Kaffeeduft und an mancher Ecke
Leise Worte, laute Stadt
Und ich gehe meine Strecke,
die heut so viel Neues hat

Ach, ich drifte durch die Zeiten
Lass die Sorgen weit zurück
Will nicht mehr alleine bleiben
Ja, ich bin total verrückt

Denn so anders scheint dies Leben
Leichtigkeit im Herze pocht
Heute könnt´ ich alles geben
Und ich drifte weit und hoch

Watt

Er ging ins weite Watt hinaus
Der Mond verklärte seinen Blick
Die Nebel zogen um sein Haus
Er wollt nur in das Watt hinaus
Er war so fern, so weit vom Glück

Noch kam die Flut nicht und er lief
Schon sank er ein in den Morast
So vieles ging im Leben schief,
als niemand seinen Namen rief
Er hatte manche Chance verpasst

Die Uhr schlug Mitternacht sodann
Da gab's kein Mensch, der ihn so sah
Einst war er wohl ein froher Mann,
der mal verlor und mal gewann,
der immer zuverlässig war

Und er lief weiter, immerfort,
ins weite Watt, wo's düster ist
An jenem unheilvollen Ort,
da zog er hin, da zog er fort
Ihn hatte wohl niemand vermisst

Es schwammen Wolken vor den Mond
Ein Regen fiel und Kälte zog
Dort, wo vielleicht manch Unhold thront,
wer fragt danach, was sich noch lohnt
So mancher schreit im Todes-Sog

Die Einsamkeit fror übers Watt
Am Horizont das weite Meer
Er hatte alles Leben satt
Und ging hinaus ins kalte Watt
Nein, es erfreute ihn nichts mehr

Verwaschen seine Spur im Schlick
Das Wasser stieg, die Flut kam schnell
Da blieb nicht viel vom Wunsch nach Glück
Vielleicht ein Rest der Spur im Schlick
Und dunkel war's, und gar nicht hell

Die Wogen schlugen laut zusamm
Dort, wo er lief, das weite Meer
Und leis, von fern, ein Trauersang
Wohl kam er längst im Jenseits an
Sein altes Haus am Strand ist leer

Was bleibt

Was bleibt vom Leben, sag, was bleibt
Ein toter Körper, irgendwo
Ein leblos kalter Menschenleib
Was bleibt von allem, sag, was bleibt,
wenn wir vergehen, einfach so

Sie lag nur da, Blut im Gesicht,
dort auf dem Fußweg, vor dem Haus
Ein Körper im Laternenlicht
In einer Pfütze ihr Gesicht
Sieht so ein Lebensende aus

Ich kannte sie, sie war ein Star
Vor vielen Jahren sah ich sie
Was immer auch geschehen war,
so nebulös und nicht sehr klar,
vergessen fast schon irgendwie

Sie stürzte sich vom sechsten Stock
Ein kurzer Weg nach langem Leid
Wer sagt noch was, wer fragt nach Gott,
nach diesem Fall vom sechsten Stock
Ein leblos kalter Frauenleib

Drei Worte in der Fernsehshow:
„Sie starb allein, wir trauern sehr"
Warum allein, warum nicht froh
Warum gestorben einfach so
Warum bleibt manches Leben leer

Man trug sie fort vom Bürgersteig
Und wischte auch das Blut vom Stein
Vom sechsten Stock ist´s nicht sehr weit
Und mancher Sturz beginnt recht feig
Da will wohl niemand mutig sein

Längst ist sie fort aus jedem Blick
Die Menschen laufen schnell vorbei
Für einen kurzen Augenblick
stand alles Leben still ein Stück,
und ging vorbei im Einerlei

Was bleibt vom Leben irgendwann
Vielleicht ein Tod vom sechsten Stock
Was ist, wenn man nicht leben kann
Wer denkt in dieser Welt schon dran
Bleibt dann am End ein letztes Wort

Fern

Fern die Träume, alle
Fern so fern von mir
Ich unendlich falle,
bis ich nicht mehr hier

Dunkel sind die Tage,
dunkler als die Nacht
In mir drin manch´ Frage:
Hab´ ich´s falsch gemacht

Schweigen bleibt nur, Schweigen
Still ist´s überall
Werd zurück wohl bleiben
Und ich fall und fall

Warum kommt kein Segen
Warum kommt kein Glück
Kann mich kaum bewegen,
nicht ein kleines Stück

Aller Leben Ende
zieht ins Herze mir
Schwach der Kopf, die Hände,
wie ein krankes Tier

Fern das gute Leben
Fern, so fern von hier
Sag, was kann ich geben
Was gehört noch mir

Leis fällt lauer Regen
Donner grollt – ein Blitz
Ist da noch ein Leben
Hört mich Gott gewiss

Ohne Titel

Er hat gelacht noch, voller Freude,
der alte Mann im Sonnenstuhl
Um ihn herum so junge Leute
Er war nur glücklich, sehnsuchtsvoll

Auf einmal ward es still am Tage
Er war gestorben, einfach so
In mir ein Schreck und eine Frage:
War er ganz plötzlich nicht mehr froh

Sein Herz wollt einfach nicht mehr schlagen
Sein Leben blieb auf einmal stehn
Mir wurde klar, ich sollt nicht fragen
Ich sollt es einfach nur verstehn

Und in mir drin sprach leis der Alte:
„So schnell kann's oft zu Ende sein
Drum bügle glatt die Sorgenfalte,
und freu dich übern Sonnenschein"

So ging ich weiter dort am Strande
und kaufte mir 'nen Sonnenhut
Ich reiste froh von Land zu Lande,
ganz ohne Angst und fühlt mich gut

Denn wenn ich selbst mal einfach sterbe,
dann will ich glücklich sein dabei
Egal, was man von mir auch erbe,
ich lebe jetzt und fühl mich frei

Manchmal

Manchmal sind die Tage trübe
Regen fällt und Wolken ziehn
Nirgendwo ein Hauch von Liebe
Nur Versagen, keine Siege
Wunden klaffen, Sorgen glühn

Dann schweig nicht daheim mit Tränen
Zieh dich an und geh hinaus
Brauchst dich nicht für dich zu schämen
Unk nicht, dass manch´ Spinner kämen
Mach dir aus der Not nichts draus

Schau, die Wolken dort am Himmel,
sie sind da und bald schon fort
Und auf einem prächtgen Schimmel,
mit Geläut und arg Gebimmel,
wird die Straß zum besten Ort

Denn die Leute in den Gassen,
auf den Plätzen in der Stadt,
sitzen vor den Kaffeetassen,
heulen nicht, und wollen spaßen,
weil so mancher Nöte hat

Da, schon bald scheint warm die Sonne,
macht die trübe Seele frei
Spür jetzt deine Urlaubswonne
Wirf die Ängste in die Tonne
Sei beim Leben mit dabei

Ja, so einfach sind die Zeiten,
wenn sie manches Mal auch schwer
Musst nicht unter Tränen leiden
Schau durch deine Fensterscheiben,
denn die Stadt ist gar nicht leer

Endlich daheim

Irgendwann zu später Stund
schrie ich mir die Seele wund
Wollte fliehen aus der Zeit
Wollt nicht warten, was mal bleibt
Wollt hinaus ins Lebens-Rund

Zog hinaus und lebte viel
Merkte schnell, das ist kein Spiel
Lag so oft auch unterm Tisch
Soff und klagte fürchterlich
Hatte nie ein echtes Ziel

Jahre zogen in die Welt
Ja, mir fehlten Glück und Geld
So kehrt´ ich nach Haus zurück
Nur bei Mama fand ich Glück
Nein, mir hat´s an Nichts gefehlt

Dort, in tränenschwerer Nacht
hat mir jemand was gebracht
Stach was Heißes mir ins Herz
Sehnsucht jagte himmelwärts,
dorthin, wo die Sonne lacht

Plötzlich wusste ich es, ja,
Gott war in mir plötzlich da
Fühlte mich bei ihm so rein
Da wollt´ ich für immer sein
Er sah mich, als ich nichts sah

Trug mich durch die Dunkelheit
Zeigte mir die gute Zeit
Brachte mich zurück nach Haus
Dort sah's gut und friedlich aus
Und mein Glück lag nicht mehr weit

Plötzlich war da Liebe, Licht
und ein ehrliches Gesicht
Er hat mir von sich erzählt,
zeigte mir manch' neue Welt
Endlich glaubte ich an mich

Heut erinnre ich mich nur
an die Zeiten, als ich stur,
als bei Gott ich mich nicht fand
Doch er griff stets meine Hand
Er in Herz und Seel mir fuhr

Leicht scheint mir mein Leben heut
Ach, ich bin voll Seligkeit
Wenn ich doch mal müd und leer,
sag ich's ihm, das ist nicht schwer
Er ist da zu jeder Zeit

Schön, dass ich nun bei ihm bin -
mal erwachsen und mal Kind
Gott lässt mich niemals allein
Will bei ihm für immer sein
So nur macht mein Leben Sinn

Heimkehr

Er lag allein am Meere
Die Nacht war klar und mild
In seinem Blick nur Leere
In seiner Seel die Schwere
Sein Herz vom Tod erfüllt

Es war vor vierzig Jahren,
da starb sie hier am Strand
Dort, wo sie glücklich waren,
in jener Nacht, der klaren,
der Friede schnell entschwand

Warum war sie gegangen
Warum nur hier am Meer
Er hat es nie verstanden
Dort, wo sie sich einst fanden,
fand er sie nimmermehr

Ein Regen fiel hernieder
in jener lauen Nacht
Ganz leis sang er die Lieder,
von jenem Zauber wieder,
die ihm einst „*Sie*" gebracht

Die Brandung wurde stärker
Auf allen Wellen Schaum
Die Stimmung schon verklärter
Dies Leben schien nie härter
Zerborsten aller Traum

Und plötzlich überm Tosen,
da schwebte sie vor ihm
In einem Meer von Rosen,
und weichen grünen Moosen,
glitt sie ganz sanft dahin

Sie öffnete die Arme
und weinte leis und still
Es schien der Mond, der warme
Fern zog ein *Vogelschwarme*
ans unbekannte Ziel

Ach, wie im schönsten Märchen
lief er zu ihr ins Meer
Was war´s nur für ein Pärchen
mit silbrigweißen Härchen
Sie liebten sich so sehr

Hoch schäumten auf die Wogen,
umhüllten wild die Zwei
Dort, wo die Wasser stoben,
sind sie nun heimgezogen
Sind sie nun endlich frei

Es war am weiten Meere,
in jener Nacht, die schwül
Am Horizont, die Leere,
so seltsam, leichte Schwere
Vielleicht ein Glücksgefühl

Am Deich

Der Wind verfängt sich in den Weiden
Zerkräuselt manchen Ufersaum
Ich möchte gehen, will nicht bleiben
So anders sind die kalten Zeiten
Auf mancher Welle wiegt nur Schaum

Der Schnee vermischt sich mit dem Regen,
verkühlt die Seele mir behänd
Ich ruf um Hilfe, will den Segen
Und will doch noch so Vieles geben
Doch hinterm Deich mein *Nachen* brennt

Noch ziehen triste dunkle Wolken,
versperren mir den rechten Weg
Ich fühl mich nicht mehr unbescholten
So vieles scheint nicht abgegolten
So manches Übel lächelt träg

Verschämt zieht Angst durch Herz und Sinne
Nichts scheint mehr richtig oder gut
Fast wie vom Biss der schwarzen Spinne
verschwimmt mein Traum in Trauer-Minne,
und lässt vom Brand mir nur die Glut

Da lichtet sich der Dunst, der Nebel
Ein letzter Tod, ein letzter Schrei
Hoch überm Deich schwebt leis ein Segel
Zerbrochen endlich Hass und Säbel
Ich atme Hoffnung, frisch und frei

In der Bucht

Ein Sommer war´s am fernen Strand
Ich lief durch sonnenheißen Sand
Da sah ich sie allein am Meer
Ihr Haar so blond, ihr Blick nicht leer

Allein lag sie im Sommerwind
beim Sonnenschirm, der grünlich-lind
Ich sah sie an, mein Herz schlug hoch
Ich wollt sie kennenlernen doch

Sie schwieg und lächelte sodann
In jener Bucht, wohl irgendwann
Das Meeresrauschen zog sie fort
von dieser Bucht, von jenem Ort

Wild flirrte Hitze da um mich
Im Wasser sie, am Strande ich
Verklärte Bucht, die menschenleer
Und nur wir zwei, sonst niemand mehr

Sie kam zurück, ich küsste sie
Wir sprachen nichts dort an der See
So lang hab ich nach ihr gesucht,
in der geheimnisvollen Bucht

Dann ging sie fort, zu schnell, zu wild
Ihr Sonnenschirm – vom Wind zerknüllt
Ich lief ihr nach, doch fand sie nicht
Im Geist zerfloss ihr Angesicht

Der Strand war leer, die Bucht blieb tot
Manch´ Abendhimmel ganz in Rot
Am weißen Strand, in jener Bucht,
hab ich so lang nach ihr gesucht

Ein Sonnenschirm nur von ihr blieb
Mein Herz zersprang, ich hatt sie lieb
Verweht die Spur von ihr im Sand,
dort in der Bucht, im fernen Land
(wohl irgendwann)

Weihnacht

Weihnacht liegt in allen Gassen,
allen Straßen dieser Stadt
Weihnacht, es ist nicht zu fassen,
in den Häusern und den Straßen,
dass so viel von Liebe hat

Weihnacht auch in meiner Seele,
meinen Wünschen, meinem Traum
Was ich tu, oft nicht verstehe,
bringt doch Freude, das ich lebe
Ach, ich will nach vorne schaun

Weihnacht auf der ganzen Erde,
überall für Mensch und Tier
Dass es Ruh und Frieden werde,
ohne Angst und manch´ Beschwerde
Weihnacht, daran glauben wir

Weihnachtliches Sternenfunkeln
zieht in Herz und Leben ein
Lasst uns singen, tanzen, schunkeln,
von manch´ Engelskindern munkeln
Lasst uns weihnachtsglücklich sein

Am Hafen

Steh am Hafen, nachts um 10
Mist, es regnet ziemlich stark
Sollt ich wieder heimwärts gehn
Und ich schweig und denk nur Quark

Zieh den Kragen bis zum Ohr
Blinzle hoch zum Wolkenzelt
In mir drin manch´ Traum erfror
Doch es ist wohl nicht die Welt

Atme noch mal ganz tief ein
Manches Licht verschwimmt im Dunst
Sollt´ ich jetzt zufrieden sein
Einsicht scheint mir keine Kunst

Es wird kalt am Hafen hier
Und der Regen hört nicht auf
Ganz egal, ob ich erfrier
Ach, ich scheiß ganz einfach drauf

Werf die Zigarette weg
Dieser Husten nervt total
Nass sind Hafen, Weg und Steg
Diese Nacht wird mir zur Qual

Meine Lederjacke kneift,
wird zu eng am Kragenbund
Um die Ecken Ekel schleicht
Und ich wisch mir übern Mund

Irgendwo schreit jemand laut
Hat zu viel gesoffen wohl
Hab mir manche Chance versaut
Bloß nichts denken, nur kein Groll

Dreh mich um und gehe fort
Dieser Hafen macht mich krank
Dieser furchtbar triste Ort
legt nur meine Seele blank

Der Elefant

Es war auf einer wirklich langen Reise
Ich war in Asien, ganz fern, wohl irgendwo
Es war ein Urlaub,
ziemlich laut und ziemlich leise
Was für ´ne wunderschöne lange Reise
Oft war ich schweren Mutes,
und war auch manchmal froh

Ich fuhr durch einen weiten dichten Dschungel
Ganz plötzlich stand er da – ein Elefant
Um meinen Kopf flog eine laute dicke Hummel
In diesem heißen, viel zu feuchten Dschungel
hat mich das große Elefantentier erkannt

War ganz allein in dieser tiefen Wildnis
Der große Elefant stand einfach vor mir – nur
Wohl glich ich einem wirklich schlechten Bildnis
mit meiner Angst, in dieser fremden Wildnis
Es war ein Ausflug, eine lange Tagestour

Und plötzlich bohrten da
auch meine tausend Sorgen
All meine dunklen trüben Tage vielleicht, ach
Dem Elefanten blieb das alles nicht verborgen
Er sah mich an
und spürte meine schlimmen Sorgen
Doch fühlt´ ich mich bei ihm
wie unter einem sicheren Dach

In seinen Augen bemerkte ich sehr dicke Tränen
Ich hört ihn sagen:
„Nimm das alles nicht so furchtbar schwer"
Und wo laut heulten hungrige Hyänen,
da weinten wir ganz dicke heiße Tränen
Und plötzlich schien mein Leben
nicht mehr öd und leer

Der Elefant bewegte seinen großen Kopfe
Er wollt wohl meinen:
„Komm jetzt gehe endlich deinen Weg"
Und alles, was ich jemals dachte, hoffte,
stieß fort der Elefant mit seinem großen Kopfe
Und mir ward klar, wie alles fortan weitergeht

Er trug zurück mich zu der Reisegruppe
Die suchten lange überall mich bereits schon
Ich hatte Hunger auf 'ne heiße Erbsensuppe
Und fühlte mich so müd
in meiner wachen Urlaubsgruppe
Und wollte doch zurück
zu meinem Elefantensohn

Der winkte noch einmal
mit seinen großen Ohren
Und rief von weiten nur:
„Ade, mach's besser, du"
Ach, trotz der Hitze wär ich beinah fast erfroren
Der Elefant,
er winkte mir mit seinen treuen Ohren
Mein Schiff entschwand mit mir
in trügerischer Ruh

Daheim hab oft gedacht ich an den Elefanten
Und manchmal war es mir,
als wär er sehr, sehr nah
Und dort, wo wir uns beide plötzlich fanden,
in jenen fernen, viel zu fernen Landen,
fand ich wohl einen Freund,
den ich doch nie mehr wiedersah

Weihnachtsengel

Weihnachtsengel sag mir mal:
Ändert sich mein Leben
Action will ich allemal
Meine Wünsche sind nicht schmal
Hab auch was zu geben

Weihnachtsengel sing mir jetzt
laut ein Lied vom Frieden
Dass kein Mensch mehr schwer verletzt
Dass kein Kriegstreiber mehr hetzt
Dass sich Menschen lieben

Weihnachtsengel, sei nicht scheu,
bring das Haus der Träume
Auf ein Auto ich mich freu
Einen Partner, lieb und treu
Sommerurlaubsbräune

Weihnachtsengel bring mir fein
Glück und schöne Sachen
Doch sollt´ das nicht möglich sein,
mach gesund mich, stark und rein
Lass mich wieder lachen

Am See

Ich sitz am See im Schnee
Und ich denk an dich
Und nichts geschieht
Am anderen Ufer ist – ein Baum
Ein Strauch und Ruh
Endlose Einsamkeit und keine Zeit
Die mir vergeht
Sie verschwimmt nur leicht
In meinen Augen
Der See ist zugefroren – ganz leicht
Ich geh nicht drüber hin
Mein Blick schweift nur über ihn
Soll ich noch weiterdenken
Ich weiß es nicht und hör nur zu
Dieser wundervollen Ruh
Ein leiser Wind verweht – nichts
Und ganz sanft bewegt sich – nichts
Es ist nur kalt
Sonst nichts
Und ich sitz am See im Schnee
Denk noch an dich
Und denk auch mal an mich
Am Himmel sind Wolken
Schnee fällt ganz sacht
Auf meine Wollmütze
War da nicht gerad …
Nein, da ist nichts, gar nichts – nur – nichts
Ein Knistern vom Eise her
Vielleicht bricht es auf
Doch da ist – nichts

Mein Blick verfängt sich
wie ein Faden im Strauch
In lieblich-rauer Winterruh
Eisig seine Zweige
Eisig meine Seele – zugefroren auch
Und es ist kalt

In dieser Mitte eines Lebens
Meines Lebens
Und sanft bewegt sich – nichts
Nur kälter wird's
An diesem See, der so voller Ruh
Ich denk an dich
Was für ein wundervoller Traum
An jenem See der großen Nichtigkeiten
Sollt ich jetzt gehn
Ich weiß es nicht und bleibe
Noch
Am anderen Ufer wird's trüb
Hier auch
Und kälter wird's
Der Abend geht
Nimmt so manches mit dahin
Und kommen will die Nacht
Und manch ein farbenloser Mahr
Und überall ist – nichts
Nur eine leise Melodie in meinem Sinn
Seltsam – mir wird es warm
Der Mond blinzelt durch die Wolken
Denk an dein Gesicht
Und sehs doch nicht
Am anderen Ufer ist noch immer – nichts
Ich stehe auf und schieb meine kalten Hände

In meine Hosentaschen
Saug lang und tief die feuchte Luft
In meine Lungen
Hab nichts gedacht und nichts gemacht
An jenem See
Nichts spiegelt sich auf ihm, auf seinem Eise
Das so dünn
Nach kurzer Zeit noch mal
Dreh ich mich um und sehe – nichts
Nur Dunkelheit, die mich umgibt
Und mich drängts irgendwie
Nach Hause

Die Hafenbar

Mir ging es schlecht, der Kopf wog schwer
So lief ich in der Stadt umher
Fand gleich am Hafen diese Bar,
die ganz aus Holz, gemütlich war

Am Tresen stand 'ne kleine Frau,
mit süßem Lächeln, Augen blau
Sie fragte mich, was mit mir sei,
und lud mich ein – ganz frank und frei

Ich setzte mich bei einem Bier
Die Barfrau setzte sich zu mir
Sie war so warmherzig, so lieb
Ihr Blick so manch' Geschichte schrieb

Beim zweiten Bier erzählte ich
von meinen Sorgen, anschaulich
Von all dem Dreck um mich herum
Von meinem Leben, das so krumm

Sie hörte zu, hielt meine Hand
Sie meinte, dass sie mich verstand
Mir wurde da so Vieles klar –
in jener kleinen Hafenbar

Sie sprach: „*Schau stets nach vorn zum Ziel*
Der andre Mist zählt nicht mehr viel
Dort vorn nur liegt der neue Tag
Geh weiter, denn du bist sehr stark"

Sie gab mir einen grünen Stein
Er sollt die Hoffnung für mich sein
Ich hielt ihn fest, er war so kühl
Und plötzlich sah ich jenes Ziel

Schnell wollt ich zahlen, wollte gehn
Die Frau doch wollt mein Geld nicht sehn
Sie winkte ab und wünschte mir
ein bisschen Glück, auch ohne Bier

Ich fühlte mich recht gut, recht stark
Und lachte wieder in den Tag
Mein Leben schien mir wieder leicht
Mein Schritt war kraftvoll, gar nicht weich

Am nächsten Tag, früh gegen 8,
hab´ ich zur Bar mich aufgemacht
Wollt mich bedanken für den Stein,
bei jener Barfrau, die so klein

Doch als am Hafen ich dann stand,
die Bar ich nirgends wiederfand
Das Haus, wo gestern noch die Bar,
eine Ruine nur noch war

Ich fragte Leute auf der Straß:
„Wo ist die Bar ´Zum dunklen Fass´"
Ein alter Mann erklärte leis,
dass er von diesem Hause weiß:

„Die Bar, die einst gestanden stolz,
die brannte ab, weil sie aus Holz
Und jene Barfrau starb dabei
Vor zwanzig Jahren war´s vorbei"

Recht schweigsam schaute ich aufs Meer,
und wünscht mir jene Barfrau her
Und wie aus einer andren Zeit
hört´ ich sie singen, so befreit:

„Schau stets nach vorn, zu deinem Ziel
Der andre Mist zählt nicht mehr viel
Den Stein halt fest in Hand und Herz
Leb wohl – und sieh mal himmelwärts"

Die Wahrsagerin

Tagtäglich so ab 7 Uhr
ist sie vor Ort – ihr Lächeln pur
Sie ist stets auf dem letzten Stand,
und hört sich alle Sorgen an

Sie gibt manch´ Rat und warnt auch mal
Sie fühlt sich wohl, kennt keine Qual
Bei jedem sieht sie Reichtum, Glück,
dass niemals kommt ein Missgeschick

Ja, sie verkauft manch´ Sehnsuchtstraum
Und schwärmt von Sekt mit ganz viel Schaum
Sie ist die Fernsehqueen, hat Geld
Man kennt sie auf der ganzen Welt

Doch irgendwann gen Mitternacht,
die Kameras längst ausgemacht,
da spürt sie plötzlich einen Stich
Im Herzen schmerzt es fürchterlich

Ein Schwindel zieht durch Aug und Hirn
Und Schweiß tropft schwer ihr von der Stirn
Sie weiß nichts mehr – *was ist nur los*
Sie ruft ganz laut: „*Was mach ich bloß*"

Doch schlägt nur Schweigen da zurück
Panische Angst, sie wird verrückt
Und ihre Seele sinkt behänd
dorthin, wo man sie nicht mehr kennt

Vorbei an all den Menschen fällt
sie nach unten und zerschellt
All jene Wünsche, all das Glück
was sie einst riet, bleibt weit zurück

Und wie sie liegt am tiefsten Punkt,
und nichts mehr sieht und nichts mehr summt,
da spricht jemand zu ihr ganz leis:
„Dies ist für all dein Glück der Preis"

Wie Schuppen fällts ihr da vom Blick
Sie muss nach Haus
Sie muss zurück
Denn all die Wünsche, all das Geld,
sind wohl nicht das, was wirklich zählt

Und all die Worte, die sie sprach,
all jene Weissagungen, ach,
die bringen nichts und sind nicht echt
Man macht es niemals allen recht

Am End bleibt nur der eigne Weg,
den man sehr selten recht versteht
Das einzige, was wirklich gut,
bleibt nur das Leben, ist das Blut

Ganz langsam steht sie wieder auf,
kommt ganz real zum Licht herauf
Und sie beginnt den neuen Tag
mit klarem Blick und ohne Frag

Sie weiß es jetzt und fühlt sofort:
Man muss nicht ewig sein vor Ort
Kein Mensch weiß überall Bescheid
Das wahre Glück kommt mit der Zeit

Am Straßenrand

Ein dunkles Kreuz am Straßenrand
Ich fahr vorbei, es regnet leicht
Die Dämmerung zieht übers Land
Ein mahnend´ Kreuz am Straßenrand
Der Weg ist schmal und ziemlich seicht

Ich halte an und steige aus
Kein Mensch, kein Auto fährt vorbei
Vorm Kreuze wacht ´ne Stofftiermaus
Ansonsten sieht´s recht einsam aus
Ein Wind weht welkes Laub herbei

Ich lese jene Worte dort
Man ritzte sie ins Holze ein
Was für ein schicksalhafter Ort
Der Regen wischt manch´ Träne fort
Wer mochte wohl der Junge sein

Er war so achtzehn Jahre jung
Und hatte sicher manchen Traum
In jener Kurve mit viel Schwung
blieb er nur achtzehn Jahre jung,
blieb er zurück am Straßensaum

Ich streiche übers Kreuz ganz sacht
Es ist vom Regen nass und rau
Die Uhr zeigt abends gegen 8
Sehr lange hab´ ich nachgedacht
Aus seinem Tod werd ich nicht schlau

Als ich zurück zum Auto geh,
glaub ich, es winkt mir jemand zu
Noch einmal ich zum Kreuze seh
Und wieder tut's im Herzen weh
Und überall ist's trüb, ist Ruh

Ein kleines Kreuz am Straßenrand
Ich fahr davon, es regnet stark
Ich hab den Jungen nicht gekannt
Nur blieb sein Kreuz am Straßenrand
Ich hatte eine gute Fahrt

Da

Da fliegen sie nun hin
Meine Träume
So weit übers Meer, den Ozean
Da fliegen sie hin, meine Träume
Und meine Seele
Ganz einfach so
Übern Ozean dahin
Und sind schon bald
Irgendwo

Da fliegen sie nun hin
Meine Gedanken
So weit übers Meer, den Ozean
Sind leicht wie ein Vogel
Und fliegen einfach so
Ganz einfach so
Übern Ozean dahin
Und sind schon bald
Irgendwo

Da fliegen sie nun hin
Meine Lieder
So weit übers Meer, den Ozean
Sind leis und laut und immerfort
Haben mich so oft begleitet
Und nun fliegen sie einfach so
Übers Meer dahin
Und sind schon bald
Irgendwo

Da fliegen sie nun hin
Meine Erinnerungen
So weit übers Meer, den Ozean
Sind überall und ganz tief im Herz
Sind voller Frohsinn
Und auch Tränen
Und fliegen einfach so
Übern Ozean dahin
Und sind schon bald
Irgendwo

Gedanken

Am Anfang siehst du
all die vielen viel zu langen Lebensjahre,
die vor dir liegen wie ein dickes,
aufgeklapptes fremdes Buch
Da sind so viele
unentdeckte wunderschöne Stunden
und auch Tage
Und all der Welten Dinge, deine liebe Mutter
und die Luft, die klare
Die Kinderzeiten scheinen wie ein weiches,
buntbedrucktes Seidentuch

Wenn du dann groß bist,
willst du immer noch viel größer werden
Das Meeresrauschen willst du sehen,
und den fernen, nicht sehr hellen Honigmond
Liegt deine Welt vielleicht so manches Mal
in tausend spitzen Hoffnungs-Scherben,
strotzt du vor Kraft und wirst so manchen
alten Chef sehr schnell beerben
Du fliegst bis zu den Sternen,
wo sich das Träumen und das Lieben
immer wieder lohnt

Im heißen Herbst zerfließt du fast
mit allen deinen so perfekten, flotten Träumen
Die Zeit verrinnt, und du rennst jeder Stunde
wie ein Wolfshund zähnefletschend hinterher
Noch einmal jung sein,
auch so manchen Kuss verschenken
unter duftig - welken Mandelbäumen
Das rasend´ Herz bezwingen, keinen Tag,
und ja den allerletzten Schuss
nicht mehr versäumen
Dein Kopf wirkt kahl, dein Bauch scheint dick
und deine Blicke
sind so hektisch leer

Am Ende doch schaust ruhig du zurück
auf all die vielen kurzen Lebensjahre,
die du gegeben hast – sie scheinen wie ein
dickes, zugeklapptes Buch
Schaust dich gelassen um
und atmest jene abendliche würzge Luft,
die klare
Du weißt es längst, es bleiben dir nicht mehr
so viele schöne Lebensjahre
Dann wirst du gehen müssen,
ade du Welt,
und du bedrucktes kindlich-weiches Seidentuch

Die Herde

Und die Herde, die zieht weiter
Starker Sturm verweht die Spur
Dieser Winter ist nicht heiter
Und die Herde zieht schon weiter
Schreie halln durch Wald und Flur

Manches Kälbchen friert, ist müde
Bleibt vielleicht schon bald zurück
Es ist kalt und es ist trübe
Doch die Herde wird nicht müde
Kämpft voran sich Stück um Stück

Wölfe harren da am Rande
Haben Hunger immerfort
Doch der Herde wird's nicht bange
Sieht die Wölfe da am Rande
Und zieht immer weiter fort

Doch der Sturm wird immer stärker
Schon bleibt manches Kalb zurück
Auch die Wölfe machen Ärger
Und der Schneesturm wird noch stärker
Bis zum See ist's noch ein Stück

Nein, die Wölfe wolln nicht jagen
Nehmen schwache Kälbchen sich
Es ist hart in diesen Tagen
Sehr viel Kraft fehlt da zum Jagen
Winterzeit ist fürchterlich

Doch die Herde zieht schon weiter
Nichts hält sie an einem Ort
Ausgemergelt ihre Leiber
Und die Tiere ziehen weiter
Und sind längst schon wieder fort

Durch den Sturm und durch die Lande
Führt ihr Weg von See zu See
Mancher Wolf wacht da am Rande
Tod, Verderben auch im Sande
Und manch Spur verwischt im Schnee

Eine Frau

Wiedermal den Weg zum Amte
Stolpert sie so gegen 6
Noch ist sie die
Unbekannte
Stolpert schnell den Weg zum Amte
Das liegt vor ihr links
Dann rechts

Brötchen, Kaffee, diesen lauen
Ein Gespräch kurz auf dem Gang
In die Unterlagen schauen
Wie viel werden sich heut trauen
Und die Zeit scheint ewig lang

Auf dem Stuhl, dem harten, kalten
Nimmt sie Platz, schaut hin- und her
Menschen muss sie hier verwalten
Jenen Tag mit Sinn gestalten
Und manch Schicksal wiegt so schwer

Schon kommt rein der erste Kunde
Der sucht Arbeit
Oder nicht
Ziellos starrt er in die Runde
In der Seel klafft ihm 'ne Wunde
Angst sitzt tief ihm im Gesicht

Wut und Hoffnung muss sie kennen
Manchmal Härte auch
Und Mut
Nein, es bleibt kaum Zeit zum Flennen
Manchmal nachts ist Zeit zum Pennen
Oftmals glüht noch
Arbeitswut

Ja, sie weiß, man liebt sie selten
An dem Ort, wo gar nichts gleich
Jenes Amt der tausend Welten
Wo manch´ Regeln kaum noch gelten
Hier wird niemand wirklich reich

Wenn die Kunden dann gegangen
Ordnet sie den Aktenberg
Hier, wo manches unverstanden
Wo sich niemals Menschen fanden
Schaut sie plötzlich recht verklärt

Packt die Tasche und hält inne
Ob sich das mal ändern wird
An der Decke eine Spinne
Leis tropft Regen aus der Rinne
Alles scheint total verkehrt

Sollt sie wirklich einsam bleiben
Haus und Auto
All dies Zeug
Kommen auch mal bessre Zeiten
Ohne Klar- und Ebenheiten
Ohne künstlich-glatter Freud

Doch dann wischt sie sich die Augen
Aus der Haut kommt sie nicht raus
Dieser Traum vom Meer, dem blauen
Schon versunken
Kaum zu glauben
Und sie trinkt den Kaffee aus

Stumm nimmt sie vom Eisenhaken
Ihren Mantel
Ihren Schal
Zwischen Mondlicht, Mücken, Schnaken
Wird sie durch den Regen waten
Morgen früh
Und wiedermal

Der Mann im Wald

Auf dem Baumstumpf, da im Walde
Sitzt er oft und gern – *allein*
Es ist gleich hinter der Halde
Bis die Nacht sitzt da der Alte
Und man fragt:
Muss das so sein

Vor zehn Jahren war´s im Orte
Da verlor er Haus und Hof
Er war keiner von der Sorte
Die gemacht zu große Worte
Den man schimpfte *faul und doof*

Seine Frau nahm ihm die Kinder
Schnell war auch das Haus verkauft
Als dann kam der kalte Winter
Ging er fort
Er war kein Sünder
Ohne Geld
Und nicht getauft

Lang und weit ist er gezogen
Bis er fand den dichten Wald
Von der Welt zu lang belogen
Ist er ziellos rumgezogen
Und die Städte blieben kalt

Zwischen dichten Weihnachtstannen
Fand er das, was ihm gefehlt
Alles Unglück schien von dannen
Hier im Wald, wo Vögel sangen
Wusste er, was wirklich zählt

Die Natur gab neues Leben
Gab ihm auch sein *Ich* zurück
Zwischen Bäumen
Aller Segen
Dort im Baumhaus ewig schweben
Dieser Wald – *sein größtes Glück*

Mit dem Taschenmesser streicht er
Marmelade übers Brot
In dem Töpfchen Kaffee, dünner
Zwischen Ästen – *Sternenschimmer*
Wer nichts hat
Kennt keine Not

Doch es gibt wohl auch die Tage
Wo er gern bei Frau und Kind
Nein, er stellt sich keine Frage
Und da gibt's auch keine Klage
Wenn leis säuselt manch ein Wind

All die Jahre, all die Zeiten
Und sein Job in dieser Bank
All das sollte so nicht bleiben
Und die Stadt hat viele Kneipen
Weil die Seele schwach und krank

Keinem muss er heut was bieten
Haus und Auto
Super-Job
In der Stadt sind hoch die Mieten
Nur im Wald duften die Blüten
Weil hier lebt der liebe Gott

Manchen Regen hat´s gegeben
Schnee und Hagel
Donner Blitz
Jener Wald – *das pure Leben*
Wo die Spinnen Netze weben
Mancher Frosch in seichter Pfütz

Irgendwann- und wo im Walde
Sitzt er oft und gern und träumt
Es ist gleich hinter der Halde
Bis die Nacht sitzt da der Alte
Und er hat wohl nichts versäumt

Neumond

Du stehst vorm Spiegel um halb Zwölf
Wirr schreist du rum: *Komm Gott und hilf*
Dein ganzes Leben – eine Qual
Und es ist Neumond wiedermal

Da drin in deinem Kopf, ganz tief
Da sitzt etwas so krumm und schief
Es macht dir Angst, es bringt sich um
Und plötzlich bist du wieder stumm

Dann sinkst du auf den Wannenrand
Dein Hirn, dein Leib – ein einzig´ Brand
Vielleicht drei Jahre noch, ein Tag
Vielleicht noch eine letzte Klag

Der Schwindel macht benommen dich
In Seel und Herz ein letzter Stich
Du krümmst vor Schmerzen dich und weinst
Und weißt, dass du so viel versäumst

Noch einmal wild im Tanz sich drehn
Das wünschst du dich, doch du bleibst stehn
In deinem Kopf das Unheil droht
Und nichts kommt mehr vom lieben Gott

Vielleicht ist´s schon der letzte Tag
Vielleicht ist´s längst die letzte Frag
Bist du zum Leben doch zu dumm
Warum dies Leid, warum, warum

Schon stockt der Atem in der Brust
Zum Sterben hast du keine Lust
Sieht so die letzte Hoffnung aus
Bleibt da am End nur Angst und Graus

Dein Traum verglüht im Glockenschlag
S´ ist Mitternacht in Land und Stadt
Zu Ende scheint dein freier Fall
Und es ist Neumond – wiedermal

Ein Schicksal

Er hatte einen Baum gefunden
Auf einer Lichtung stand er da
Nach all den Jahren, Tagen, Stunden
Hat er wohl keinen Sinn gefunden
Und keiner ahnte die Gefahr

Sein Leben: Einst ein großer Flitter
Ein Glanz, der alles überstrahlt′
Doch unter all dem bunten Glitter
Erkannte man nicht all die Gitter
Die von manch′ Lächeln übermalt

Er hatte Kinder, schien zufrieden
Er hatte eine hübsche Frau
Doch ward ihm wohl kein Glück beschieden
Denn tief in ihm war′s schwarz geblieben
All seine Hoffnung blieb so grau

Reich war er nicht, doch auch nicht ärmlich
Den Job erledigte er gern
Nur selten ging es ihm erbärmlich
Er war kaum krank
Nie ging′s beschwerlich
So manche Sorge schien ihm fern

Doch griff er oft zur Wodka-Flasche
Der Alkohol regierte ihn
Von seinen Wünschen blieb nur Asche
Er sagte nichts – wohl seine Masche
Der Alkohol raffte ihn hin

An einem dunklen Regentage
Hat er sich von der Frau getrennt
Er fand sein Leben viel zu vage
Tief in ihm blieb die bange Frage:
Wo liegt des Lebens wahrer Sinn

Nun hatte er, was er stets wollte:
Alleinsein, Suff – er war so frei
Doch nachts, wenn manch ein Alb laut grollte
Schien ihm, dass ihn der Teufel holte
Und jeder Traum ward längst wie Blei

Die Ängste trübten seine Seele
Er traute sich kaum noch hinaus
Der Schnaps rann ihm durch Mark und Kehle
Er hörte Stimmen und Befehle
Und hielt sein Leben nicht mehr aus

An jenem Tag, als Hagel knallte
Lief er davon – ihn hielt nichts mehr
Ein Sturm ihm in die Augen prallte
Und Donner durch die Straßen hallte
Er fühlte nichts – *und nichts war schwer*

Wohl hat er einen Baum gefunden
Auf jener Lichtung, dort, im Wald
Vorbei ein Leben, das zerschunden
Nie heilten ab die tiefen Wunden
Er war noch jung
Und doch schon alt

Fahrstuhlstopp

Im Fahrstuhl zwischen Hoch und Runter
So zwischen zwei Terminen – *kurz*
Da wart ich, gar nicht froh und munter
Im Lift, so zwischen Rauf und Runter
Und mancher Witz scheint weit und *schnurz*

Auf einmal stockt der Lift, bleibt stehen
Im Nirgendwo
Ich weiß nicht wo
Wann wird das Ding wohl weitergehen
Ganz plötzlich fängt sich's an zu drehen
Mir wird's recht schwindelig und so

Ne alte Frau steht an der Tür und wartet
Sie schaut mich an mit starrem Blick
Ich hoff, dass dieser Lift bald startet
Und jene Frau, die seufzt und wartet
Wann endet dieses Missgeschick

Die Alte scheint das wohl zu spüren
Sie sagt: *„Ach Jungchen, du hast Zeit"*
Ich weiß, ich sollt' mich wohl nicht zieren
Was kann ich hier wohl schon verlieren
So manche Stunden ziehn sich weit

Wir reden über Das und Dieses
Ich lehn mich an die Fahrstuhltür
Wir sprechen über Gutes, Mieses
Im Leben gibt's so manches Fieses
Im Fahrstuhl zwischen Dort und Hier

Ich schau zur Uhr, muss plötzlich grinsen
Hier drin scheint nichts mehr wichtig, ach
So vieles ging mir in die Binsen
Oft schmeckten nicht mal Mittagslinsen
Und manchmal schien ich kaum noch wach

Die alte Frau nahm meine Hände
„Nehms nicht so schwer, das hilft dir nicht"
In jenem Lift, wo kühl die Wände
Hielt sie voll Güte meine Hände
Es flackerte das Fahrstuhllicht

Ja, da begriff ich, was sie meinte
Ich sollte viel mehr leben noch
Was mich mit dieser Frau vereinte
War der Gedanke
Und ich weinte
Wann ging's im Fahrstuhl runter, hoch?

Ein starker Ruck, dann ging es weiter
Recht schnell sprang auf die Fahrstuhltür
Ich sah den Tag, er war so heiter
Und irgendwie schien ich gescheiter
Seit jenem Fahrstuhlstopp all hier

Ich tauchte ein in Stadt und Leben
Oft fiel mir ein der Alten Wort
Von Herz und Seel konnt ich was sehen
Erinnerung an manches Schweben
Im Fahrstuhl zwischen
Hier und Dort

Schwarzweißer Bär

Schwarzweißer Bär in einem Laden
Er sah mich an
Ich kaufte ihn
Für wenig Geld war er zu haben
Der Teddybär in diesem Laden
Ich nehm ihn überall mit hin

Er weint mit mir
Und lacht sehr viel
Er ist so lieb
Ich hab ihn gern
Mit ihm ist Leben fast ein Spiel
Wir weinen und wir lachen viel
Er ist mein allerliebster Stern

Manchmal fühl ich mich sehr allein
Der Bär ist da
Er hilft mir sehr
Wohl will er gern bei mir nur sein
Ist da, wenn ich mal sehr allein
Mit ihm ist alles nicht so schwer

Und wenn ich alt, auch sterben muss
Dann wird er da sein, nur für mich
Er gibt mir dann den letzten Gruß
Kommt mit mir, wenn ich gehen muss
Zum Himmel hoch
Und sicherlich

Schwarzweißer Bär in einem Laden
Er sah mich an
Wollt wohl zu mir
Für wenig Geld war er zu haben
Mein Teddybär in jenem Laden
Er bleibt mein Leben
Immer hier